कैलास-मानसरोवर
का धार्मिक तथा आध्यात्मिक विवेचन

कैलास-मानसरोवर का धार्मिक तथा आध्यात्मिक विवेचन

डॉ. तारादत्त

GYAN

कैलास-मानसरोवर
का धार्मिक तथा आध्यात्मिक विवेचन

ISBN: 978-81-212-2021-7

भारत में सन् 2021 में प्रकाशित
ज्ञान पब्लिशिंग हाऊस,
5, अंसारी रोड- दरियागंज,
नई दिल्ली-110002
Phone: 9811692060
ई-मेल: books@gyanbooks.com

मुद्रितः जी. प्रिंट प्रोसेस, दिल्ली

पितृकल्प अग्रज
स्वर्गीय श्रीशेखरानन्द पाठक
को समर्पित

अनुक्रमणिका

प्रस्तावना

कैलास तथा मानसरोवर का विशद विवरण केवल साधना तथा धर्म-दर्शन से सम्बद्ध प्राचीन भारतीय वाङ्मय में ही नहीं, अपितु भारत के, विशेष रूप से उत्तराखण्ड के सीमावर्ती क्षेत्रों में प्रचलित लोक-गाथाओं तथा पारम्परिक पारिवारिक संवादों में भी प्रचुर मात्रा में उपलब्ध होता है। यह स्वाभाविक है कि भारत-तिब्बत के बीच हजारों वर्षों से चले आ रहे व्यावसायिक तथा सांस्कृतिक विनिमय इन पवित्र स्थलों के प्रति लोक-रुचि तथा यात्रा के प्रति उत्सुकता का अनवरत संचार करते। जीवन के शैशव काल में स्थानीय धार्मिक प्रवृत्ति के लोगों, साधु-सन्तों एवं भारत के भिन्न-भिन्न भागों से आने वाले तीर्थ-यात्रियों द्वारा तिब्बत तथा कैलास-मानसरोवर यात्रा की चर्चा माता-पिता तथा गांव के वरिष्ठ व्यक्तियों के मुख से सुनता रहता था। परिणामतः उक्त यात्रा के प्रति मेरा मानसिक आग्रह बढ़ता रहा, यद्यपि उत्तर में स्थित पड़ोसी देश की विस्तारवादी नीति के परिणाम-स्वरूप उपस्थित राजनैतिक परिवेश में तिब्बत के साथ प्राचीन काल से अनवरत चले आ रहे व्यावसायिक तथा सांस्कृतिक आदान-प्रदान पूरी तरह से छिन्न-भिन्न हो गये थे। यद्यपि कालान्तर में जब मुझे तिब्बत तथा कैलास मानसरोवर के विषय में अध्ययन करने का अवसर प्राप्त हुआ तो मेरी कैलास-मानसरोवर यात्रा की इच्छा तीव्रतर हो गयी, तथापि परिवर्तित राजनैतिक परिप्रेक्ष्य में मेरे मनोरथों का चरितार्थ होना असम्भव सा प्रतीत होता था।

अन्ततोगत्वा तिब्बत में बलपूर्वक अपना राजनैतिक आधिपत्य स्थापित करने वाले पड़ोसी देश के साथ एक समझौते के परिणाम-स्वरूप सन्

1981 में कैलास-मानसरोवर यात्रा के दरवाजे खुल गये। अब भारत सरकार द्वारा प्रायोजित यात्रा के माध्यम से कैलास-मानसरोवर जाना सम्भव हो गया। आशा की इस किरण द्वारा मेरी म्रियमाण इच्छा में एक नयी ऊर्जा का संचार होता सा लगने लगा। यात्रा की इस नयी व्यवस्था के अनुसार प्रति वर्ष जून से सितम्बर महीने के बीच 50 से 60 भारतीय यात्रियों के सीमित समूह उत्तराखण्ड के पिथौरागढ़ जिले में स्थित लिपुलेख गिरि-द्वार से गुजरते हुए कैलास-मानसरोवर की यात्रा कर सकते थे। कालान्तर में यात्री-समूहों की संख्या बढ़कर 18 तक हो गयी।

सन् 1996 में जब पहली बार मैंने कैलास-मानसरोवर की यात्रा के लिए आवेदन किया, उस समय मैं ओड़िशा सरकार के अधीन कृषि एवं खाद्यान्न उत्पादन निदेशक (Director, Agriculture & Food Production) के पद पर कार्यरत था। राज्य सरकार ने यह कह कर मेरा आवेदन पत्र अग्रसारित करने से मना कर दिया था कि कैलास-मानसरोवर की यात्रा से मेरी तत्कालीन सेवा-वृत्ति का कोई सम्बन्ध नहीं है। सन् 2002-03 में एक बार फिर भारत सरकार के गृह-मन्त्रालय में निदेशक के पद पर काम करते समय मैंने विदेश मन्त्रालय द्वारा प्रायोजित कैलास-मानसरोवर की यात्रा के लिए संयोजक या सामान्य यात्री के रूप में जाने के लिए अपना आवेदन पत्र प्रस्तुत किया। मैंने अपने पर्वतारोहण के पुराने अनुभवों के विषय में संक्षेप में यथावश्यक विवरण प्रस्तुत किया था। कारण जो भी रहा हो, मेरा उक्त यात्रा के लिए किसी भी रूप में चयन न हो पाया।

एक बार पुनः मैंने भारत सरकार के स्वास्थ्य मन्त्रालय में संयुक्त सचिव के पद पर काम करते समय सन् 2005 में कैलास-मानसरोवर की यात्रा के लिए संयोजक या सामान्य यात्री के रूप में उक्त यात्रा का संचालन करने वाले विदेश मन्त्रालय के पास निर्धारित प्रक्रिया के अनुसार अपना आवेदन पत्र भेजा। पूर्ववत् साक्षात्कार के समय पूछे जाने पर मैंने यात्रा के प्रति अपने आग्रह को स्पष्ट करते हुए उन्हीं दो कारणों का फिर एक बार बखान किया, जिसका उल्लेख अपने आवेदन पत्र में कर चुका था। अपने पर्वतीय मूल तथा प्राचीन भारतीय वाङ्मय के अध्ययन का

परिचय देने के साथ ही साथ मैंने कैलास-मानसरोवर की यात्रा करने के उपरान्त इस विषय पर प्राचीन संस्कृत साहित्य में दिये विवरणों के साथ वास्तविक स्थिति का तुलनात्मक अध्ययन करने की अपनी उत्कण्ठा को दोहराया। कारण जो भी रहा हो, इस बार भी मेरा मनोरथ पूर्ण न हो पाया।

यह बार-बार मिल रही अपनी असफलता मुझे रास नहीं आयी। अतः मैंने अवकाश लेकर काठमाण्डू के रास्ते कैलास-मानसरोवर की यात्रा करने का दृढ़-निश्चय कर लिया। तदनुसार कैलास-मानसरोवर की यात्रा करने का पहली बार जून 2005 में मुझे सौभाग्य प्राप्त हो गया। विना किसी कठिनाई के मेरी चिर-प्रतीक्षित कैलास-मानसरोवर की यात्रा का मनोरथ पूर्ण हो गया।

उत्तराखण्ड के रास्ते कैलास-मानसरोवर की यात्रा करने की मेरी इच्छा फिर भी बनी रही। उसका मुख्य कारण यह कि प्राचीन पौराणिक विवरणों को सम-सामयिक भौगोलिक परिप्रेक्ष्य में देखने के बाद पुस्तक लिखने की मेरी इच्छा भारत के उत्तराखण्ड राज्य के माध्यम से यात्रा का सम्पादन करने पर ही प्रशमित हो सकती थी। अतः एक वार फिर मैंने सन् 2014 में उक्त यात्रा के लिए आवेदन किया। इस बार प्रतीक्षा-सूची में मुझे अपना नाम दिखाई दिया जो अन्ततः अर्थ-हीन बन कर रह गया।

अन्त में सन् 2015 में मानो मेरा भाग्योदय हो गया। एक सामान्य यात्री के रूप में मुझे भारत सरकार द्वारा प्रायोजित कैलास-मानसरोवर यात्रा के प्रथम समूह में सम्मिलित होने का सौभाग्य प्राप्त हो गया। इस बार ओड़िशा सरकार जिसके अधीन में अतिरिक्त मुख्य सचिव के पद पर कार्यरत था, ने पहले ही अपनी सहमति दे दी थी। यात्रा के दौरान पता चला कि उस समूह में कुछ यात्री पहले भी कई बार कैलास-मानसरोवर यात्रा का सम्पादन कर चुके थे। जो भी हो, चयन-प्रक्रिया पर चर्चा करना यहां अप्रासंगिक है।

यह कहना उचित नहीं होगा कि प्रस्तुत पुस्तक कैलास-मानसरोवर की दो बार की गयी मेरी यात्रा का विशद विवरण है जिससे भविष्य के यात्रियों का पूर्ण पथ-प्रदर्शन हो सकता है। यह भी कहना अनधिकार चेष्टा होगी

कि इस छोटी सी पुस्तक में कैलास-मानसरोवर के विषय में समस्त प्रासंगिक पौराणिक तथा भौगोलिक सूचनाएं दी गयी हैं। वस्तुतः कैलास-मानसरोवर की यात्रा के उपरान्त उक्त विषय पर सन् 1949 में प्रकाशित स्वामी प्रणवानन्दजी महाराज की अद्वितीय पुस्तक "KAILAS-MANASAROVAR" को पढ़ने के बाद मैंने अपने सीमित ज्ञान तथा अनुभव को लिपि-बद्ध करने की इच्छा का एक तरह से परित्याग ही कर दिया था।

मेरे जीवन के घटना-चक्र में एक मोड़ आया जब मार्च 2016 में मेरे अग्रज एवं पथ-प्रदर्शक अचानक ही पूरे परिवार को छोड़कर नाम-मुक्त हो गये। कुछ समय तक शोक-सन्तप्त रहने के बाद उनके समक्ष व्यक्त की गयी कैलास-मानसरोवर पर पुस्तक लिखने की अपनी पुरानी इच्छा मुझे बार-बार याद आने लगी। कुछ महीनों के पश्चात् मैं शासकीय सेवा से निवृत्त हो गया। मैंने उनकी प्रथम श्राद्ध-वार्षिकी के अवसर पर स्मृति-चिन्ह के रूप में श्रद्धा-सुमन अर्पण करने के लिये अपने द्वारा उनको दिये हुए वचनों का निर्वाह करने पर कुछ गम्भीरता के साथ विचार किया। यह पुस्तक शीघ्रता में किया गया उसी प्रयास का परिणाम है।

पुस्तक में कुछ भी ऐसा नहीं जो कैलास-मानसरोवर से सम्बद्ध विभिन्न प्राचीन तथा अर्वाचीन पुस्तकों में न लिखा गया हो। मैंने कई पौराणिक-धार्मिक ग्रन्थों तथा कैलास-मानसरोवर के विषय में लिखे गये कुछ अन्य पुस्तकों, जिनमें पूर्व-यात्रियों के यात्रा-विवरण भी शामिल हैं, का न्यूनाधिक उपयोग किया है। इन पुस्तकों में स्वामी प्रणवानन्दजी महाराज द्वारा लिखी गयी गम्भीर गवेषणापूर्ण उपर्युक्त पुस्तक तथा स्वर्गीय सुशील कुमार भट्टाचार्य द्वारा बंगला में लिखित एवं सन् 1939 में हिंदी में अनुदित पुस्तक "मानसरोवर और कैलास" प्रमुख हैं। स्वर्गीय भट्टाचार्य की पुस्तक लगभग 80 वर्ष पहले उनके द्वारा अपने मित्रों के साथ सम्पादित की गयी कैलास-मानसरोवर की यात्रा का रोचक विवरण है। उस समय पैदल यात्रा का प्रारम्भ अल्मोड़ा जिले के मुख्यालय से हुआ करता था। यात्रा सम्पादित करने में महिनों व्यतीत हो जाते थे।

पुस्तक में भारत सरकार के द्वारा प्रायोजित कैलास-मानसरोवर-यात्रा-मार्ग को आधार मानते हुए भी निर्धारित यात्रा-क्रम का अनुसरण नहीं किया गया है। स्कन्द पुराण के मानस-खण्ड में वर्णित कैलास-मानसरोवर के यात्रा पथ में आने वाले कुछ प्रमुख तीर्थ-स्थलों का विवरण दिया गया है, जिसको कैलास-मानसरोवर की यात्रा की भित्ति-भूमि के रूप में प्रासंगिक समझा गया है। भारत सरकार के द्वारा प्रायोजित उत्तराखण्ड के सीमान्त अञ्चल से होकर सम्पादित की जाने वाली कैलास-मानसरोवर की यात्रा दिल्ली से प्रारम्भ होकर लगभग तीन सप्ताह के समय में पूरी की जाती है। जिस यात्री समूह में सम्मिलित होने का मुझे सौभाग्य प्राप्त हुआ था, उसका पहला पड़ाव था अल्मोड़ा, दूसरा धारचूला, तीसरा सिरखा, चौथा गाला, पाँचवां बूधी, छठा गुंजी, सातवां नावीधांग, आठवां तकलाकोट, नौवां दारचेन, दसवां डेरापुक, ग्यारहवां जुंज़्हु-पु/जोंग-जेर्बु, बारहवां दारचेन, तेरहवां क्युगु तथा चौदहवां फिर एक बार तकलाकोट। भारत की सीमा पार करने के उपरान्त जाते समय तकलाकोट में एक अतिरिक्त दिन बिताया जाता है। इसी प्रकार मानसरोवर के किनारे क्युगु में यात्रियों को दो अतिरिक्त दिन मिलते हैं। कैलास-मानसरोवर से लौटते समय तिब्बत की पुरांग घाटी में स्थित खोजर-नाथ की गोम्पा तथा तोयो गाँव में जनरल जोरावर सिंह की समाधि का भी यात्रियों को दर्शन कराया जाता है। भारत की सीमा में वापस आकर दिल्ली लौटते समय रास्ते में जागेश्वर का दर्शन करने का यात्रियों को सौभाग्य मिलता है। दिल्ली से प्रारम्भ होने वाली यात्रा के दूसरे दिन कभी-कभी यात्रियों को पाताल-भुवनेश्वर की विशाल प्राकृतिक गुफा को देखने का भी अवसर मिल जाता है।

यात्रा में कुछ सामान्य परिवर्तन होते ही रहते हैं। अगले कुछ वर्षों में उत्तराखण्ड के सीमान्त क्षेत्र के कई निर्माणाधीन सड़कों के पूरा हो जाने पर कैलास-मानसरोवर की यात्रा को दो सप्ताह के भीतर ही सम्पन्न कर पाना सम्भव हो सकेगा। वास्तव में दिल्ली से कैलास-मानसरोवर की भौगोलिक दूरी बहुत अधिक नहीं है। अल्मोड़ा जिला मुख्यालय से कैलास की दूरी 250 मील के करीब है। लगभग इतनी ही दूरी दिल्ली से अल्मोड़ा जिला मुख्यालय की भी है।

पुस्तक में कैलास-मानसरोवर तथा मार्ग में आने वाले कुछ मुख्य महत्त्वपूर्ण स्थानों के विषय में प्राचीन वाङ्मय में वर्णित विवरणों के साथ ही साथ वर्तमान समय में दृश्यमान वास्तविकताओं को दर्शाने की छोटी सी कोशिश की गयी है। यदि पाठक किसी भी रूप में उपकृत हो सकें तो मैं अपने प्रयास सार्थक समझूंगा।

जिन व्यक्तियों ने इस पुस्तक को लोक-लोचन में लाने के लिए सहायता की है, उनके प्रति धन्यवाद-ज्ञापन करना मेरा पुनीत कर्तव्य है। कैलास-मानसरोवर की यात्रा में साथ रहे श्री सुनील वावाडे तथा श्री विजय डागा ने जगह-जगह पर उनके द्वारा लिए गये छाया-चित्रों को उपलब्ध कराया, जिनका इस पुस्तक में उपयोग किया गया है। अवकाश-प्राप्त भारतीय पुलिस सेवा के अधिकारी मित्रवर श्री अरुण कुमार उपाध्याय से कैलास-मानसरोवर के विषय में कुछ रोचक वृतान्त जानने का अवसर प्राप्त हुआ। सुश्री द्रौपदी गर्ब्याल की पुस्तक 'परम पूज्य श्री नारायण स्वामी एवं श्री नारायण आश्रम', जिसकी प्रति मुझे उनके एक तिकटस्थ सम्बन्धी के हाथों से प्राप्त हुई, से उपादेय सामग्री प्राप्त हुई। इन समस्त महानुभावों के प्रति सादर आभार व्यक्त करना मेरे लिए एक सुखद अनुभव है। पूर्ण दायित्व-बोध के साथ वेब-आधारित मुक्त-साधनों से लिए गये छाया-चित्रों का आभार उल्लेख करना लेखक अपना पुनीत कर्तव्य मानता है। मेरे अनुजों- नवीन, हरीश तथा भुवन ने विभिन्न रूपों में सहायता करने के साथ ही साथ मुझे यथासमय प्रोत्साहित भी किया। अनुज-वधू महिमा ने अशुद्धि-परिमार्जन में विशेष सहायता की है। उनके प्रति आभार की अभिव्यक्ति केवल औपचारिकता का निर्वाह मात्र होगा। भूत-भावन भोलेनाथ से यही प्रार्थना है कि शुभ-कर्मों में उनकी प्रतिबद्धता सदैव बनी रहे।

मूलतः इस पुस्तक का प्रथम संस्करण सीमित प्रतियों के साथ सन् 2017 में प्रकाशित किया गया था। जन-सामान्य के लिए बाजार में पुस्तक उपलब्ध नहीं हो पायी थी। कुछ परिमार्जन के साथ इसे दूसरी बार प्रकाशित किया जा रहा है। आशा है जिज्ञासु पाठकों तथा कैलास-मानसरोवर जाने की आकांक्षा रखने वाले यात्रियों के लिए यह पुस्तक न्यूनाधिक उपयोगी

सिद्ध होगी। ज्ञान पब्लिशिंग हाउस, 5 अंसारी रोड, दरियागंज, नई दिल्ली के सहयोग के बिना यह कार्य शायद ही सम्भव हो पाता। प्रकाशक एवं मित्रवर श्री अमित गर्ग को एतदर्थ अशेष धन्यवाद। पुस्तक में प्रमाद-वश त्रुटियां तथा पुनरुक्तियाँ पायी जायेंगी। सावधानी से पढ़ने वाले दयालु पाठकों से अनुरोध है कि वे अनपेक्षित शब्दों तथा गलतियों की उपेक्षा करें।

31 अक्टूबर, 2020 **तारादत्त**

कैलास तथा मानसरोवर के आकर्षक छायाचित्र

कैलास पर्वत-मालाएं

कैलास पर्वत- दक्षिणाभिमुखी

उत्तराभिमुखी कैलास

कैलास-मानसरोवर; दिव्यता तथा भव्यता के साथ

मानसरोवर में अरुणोदय

मानसरोवरः पृथ्वी पर स्वर्ग

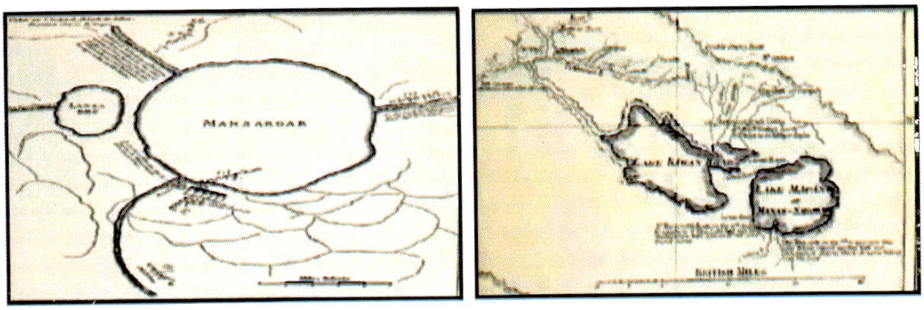

Anquetil du Perron, 1731-1805; William Moorecroft, 1812 (Yatra)

Government of India: Kailas-Manasarovar Yatra Route

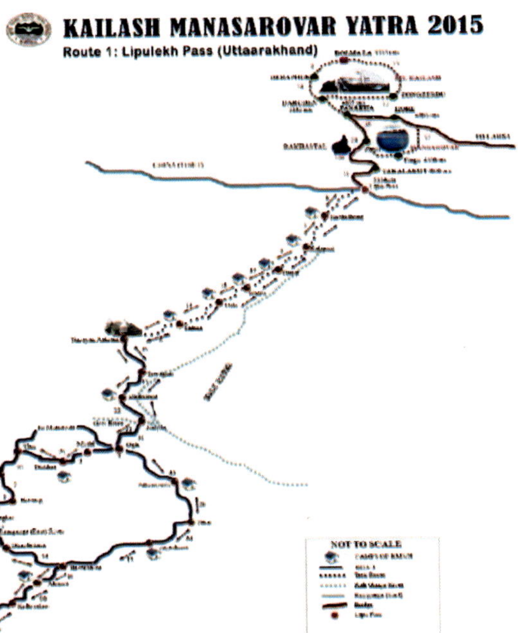

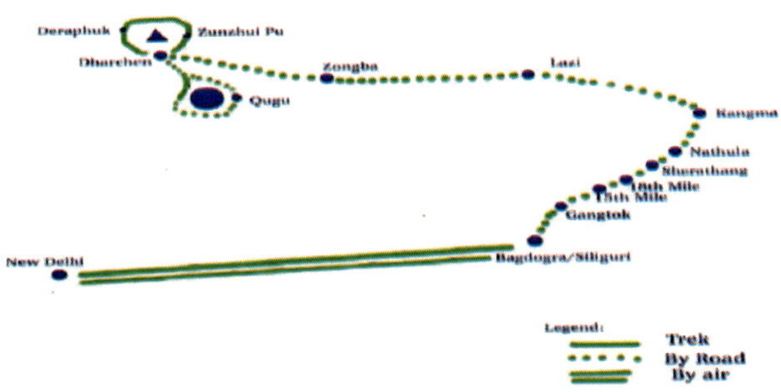

का चरम उद्देश्य कदापि नहीं माना जा सकता है। ये भौतिक वस्तुएं जीवन के अन्तिम लक्ष्य को प्राप्त कराने में असाधारण कारण भी नहीं बन सकती हैं। समग्र वैदिक धर्म-दर्शन के सारांश को जगद्गुरु आदि शंकराचार्य ने संक्षेप में निम्नलिखित श्लोक में निरूपित किया है-

श्लोकार्धेन प्रवक्ष्यामि यदुक्तं ग्रन्थकोटिभिः।
ब्रह्म सत्यं जगन्मिथ्या जीवो ब्रह्मैव नापरः।।

तात्पर्य यह कि जिस तत्त्व का निरूपण करोड़ों ग्रन्थों में विस्तार के साथ किया गया है उसको आधे श्लोक में यह कहकर कहा जा सकता है कि सर्वव्यापी निर्गुण, निराकार, निर्विकार ब्रह्म नामक परमतत्त्व ही एक मात्र सत्य है, इस नामरूपात्मक दृश्यमान संसार की मात्र व्यावहारिक सत्ता है तथा जीव उस ब्रह्म का अंश या प्रतिबिम्ब है। दूसरे शब्दों में कहा जा सकता है कि जीव, ईश्वर और परमात्मा एक ही परमतत्त्व के रूपान्तर हैं। नामरूपात्मक दृश्यमान जगत् भी ब्रह्म नामक परमतत्त्व की ही भौतिक या व्यावहारिक अभिव्यक्ति है।

सम्पूर्ण ब्रह्माण्ड में व्याप्त भिन्न-भिन्न नामों से अभिहित उस एक मात्र परमतत्त्व की उपलब्धि के उपायों का वर्णन संसार के विभिन्न भागों में प्रवर्तमान धर्म-दर्शन के विचारकों ने समय-समय पर अपनी रुचियों के अनुसार किया है। वस्तुतः शुभ कर्मों के फलों तथा ईश्वर के विभिन्न स्वरूपों का विवेचन करने वाले धर्म-ग्रन्थों तथा पुराणों में वर्णित आख्यान एवं पूजा-पद्धतियां उस परमतत्त्व की प्राप्ति के लिए अनुकूल वातावरण को उत्पन्न करने में सहायक होती हैं, यानि साधन की भूमिका का निर्वाह करती हैं। आदि शंकराचार्य ने इसी बात को स्पष्ट करते हुए लिखा है कि निरपेक्षता के साथ किए गए शुभ कर्म, पूजा-अनुष्ठान आदि साधक के अन्तःकरण को निर्मल करते हैं, जिससे वह परमतत्त्व का साक्षात्कार करने में सहजता के साथ अग्रसर हो पाता है। अनवरत साधना से रहित होने पर तीर्थ-भ्रमण तथा करोड़ों प्रकार के कर्मकाण्ड परमात्म-तत्त्व का साक्षात्कार नहीं करा सकते-

चित्तस्य शुद्धये कर्म न तु वस्तूपलब्धये।
वस्तुसिद्धिविचारेण न किंचित्कर्मकोटिभिः।।

पुनः एक व्यावहारिक दृष्टान्त के माध्यम से आचार्य शंकर कहते हैं कि जिस प्रकार केवल औषधि शब्द का बार-बार उच्चारण करने मात्र से रोग का निवारण नहीं हो सकता, उसके निवारण के लिए औषधि का चिकित्सक के निर्देशानुसार यथा-समय सेवन करना आवश्यक है, वैसे ही केवल ईश्वर या ब्रह्म शब्द के उच्चारण (या औपचारिक पूजा-अर्चना, तीर्थ-भ्रमण, आदि) करने मात्र से मोक्ष या परमात्मा की प्राप्ति नहीं हो सकती। उसकी प्राप्ति के लिए प्रयत्नपूर्वक किए गए अपरोक्षानुभव की आवश्यकता होती है-

न गच्छति विना पानं व्याधिरोषधशब्दतः।
विनापरोक्षानुभवैः ब्रह्मशब्दैर्न मुच्यते।।

प्राचीन धर्म-ग्रन्थों में निष्काम भाव से या लोक-कल्याण के लिए किए जाने वाले कर्मों को ही सच्ची ईश्वर-सेवा के रूप में निरूपित किया गया है। इस बात का स्पष्ट निर्देश किया गया है कि बुद्धिमान् व्यक्ति को जैसे भी सम्भव हो दूसरे प्राणियों के सन्तोष के लिए कार्य करना चाहिए, क्योंकि जीव-सेवा ही सच्ची ईश्वर-सेवा है-

येन केन प्रकारेण यस्य कस्यापि देहिनः।
सन्तोषं जनयेत्प्राज्ञः तदेवेश्वरपूजनम्।।

भारतीय सनातन परम्परा में धर्म, अर्थ, काम एवं मोक्ष को पुरुषार्थ-चतुष्टय कहा गया है, जिसका तात्पर्य यही है कि ये चारों ही वस्तुएं मानव-जीवन में समान रूप से महत्त्वपूर्ण हैं। इनमें किसी एक की भी उपेक्षा जीवन को असन्तुलित बना देती है तथा मानव को पलायन की ओर अग्रसर कर सकती है। कहा गया है कि बुद्धिमान् मनुष्य स्वयं को अजर तथा अमर समझ कर विद्या तथा नैतिक मार्ग का अवलम्बन करते हुए धन का अर्जन करे। धर्म का आचरण उसे यह मान कर करना चाहिए कि जैसे दूसरा मौका मिलने ही वाला नहीं है; मानो सामने मंडराती हुई मौत सिर के बालों को पकड़ उसे कर ले जाने के लिए तैयार खड़ी है-

अजरामरवत्प्राज्ञः विद्यामर्थं च चिन्तयेत्।
गृहीतमिव केशेषु मृत्युना धर्ममाचरेत्।।

विद्या या ज्ञान के द्वारा मनुष्य को उचित तथा अनुचित का बोध होता है तथा अन्त में परम-तत्त्व के साक्षात्कार द्वारा सांसारिक बंधनों से मुक्ति मिल जाती है, जैसा कि उपनिषदों में कहा गया है- "विद्यया अमृतमश्नुते", "सा विद्या या विमुक्तये", इत्यादि। इसी प्रकार नीति-सम्मत मार्ग से अर्थोपार्जन करने से धर्मानुमोदित विषयोपभोग आदि के द्वारा मनुष्य का सांसारिक जीवन सुखमय होने के साथ-साथ उसकी परोपकार तथा धर्म-कर्मादि को करने की क्षमता में वृद्धि होती है।

लौकिक अनुभव भी इसी बात को प्रमाणित करता है कि विद्या की प्राप्ति के अनन्तर मनुष्य में विनम्रता आती है, जिसके बाद ही वह धनार्जन करने का योग्य पात्र बन पाता है। न्याय-मार्ग से अर्थोपार्जन कर वह धर्म-कर्म का सम्पादन करता है तथा तदुपरान्त ही वह सुख की प्राप्ति कर पाता है-

विद्या ददाति विनयं विनयेन याति पात्रताम्।
पात्रत्वात् धनमाप्नोति धनाद्धर्म ततः सुखम्।।

महाकवि कालिदास ने अपनी प्रसिद्ध पुस्तक रघुवंशमहाकाव्यम् के आरम्भ में उपर्युक्त पुरुषार्थ-चतुष्टय का पालन करने वाले अपने महाकाव्य के आदर्श नायकों की जीवन-शैली का व्याख्यान करते हुए लिखा है कि उनका शैशव काल विद्याध्ययन में, युवावस्था (अर्थोपार्जन के साथ-साथ) विषयोपभोग में तथा प्रौढ़ावस्था (वानप्रस्थावस्था) मुनिवत् आचरण करते हुए धर्म-कर्मों के सम्पादन में यापित होती थी। अन्त में चतुर्थ अवस्था की प्राप्ति होने के उपरान्त वे योग मार्ग से शरीर का परित्याग करते थे-

शैशवेऽभ्यस्तविद्यानां यौवने विषयैषिणाम्।
वार्धक्ये मुनिवृत्तीनां योगेनान्ते तनुत्यजाम्।।

प्रकारान्तर से कहा जा सकता है कि संतुलित जीवन ही मनुष्य के शतायु होने का मूल रहस्य है। इसी बात को दूसरे ढंग से प्रतिपादित करते हुए अन्य किसी मनीषी ने कहा है कि मनुष्य यदि जीवन की प्रारम्भिक बेला में विद्या का अर्जन न कर पाये, दूसरी वेला में नैतिक मार्ग का अवलम्बन कर धन संग्रह न कर पाये, तीसरी अवस्था में पुण्यार्जन न कर

पाये तो चतुर्थावस्था में उसके पास दुःख एवं पश्चात्ताप के अलावा कुछ भी नहीं बचता-

> प्रथमे नार्जिता विद्या द्वितीये नार्जितं धनम्।
> तृतीये नार्जितं पुण्यं चतुर्थे किं करिष्यति।।

जैसा कि पहले कहा जा चुका है, भारतीय वैदिक परम्परा के अनुसार नामरूपात्मक जगत् परमात्म-तत्त्व की स्थूल दृष्टि से दिखाई देने वाली अभिव्यक्ति ही है। यह स्मरण रहे कि वेदों, उपनिषदों आदि की रचना तत्त्व-दृष्टा ऋषियों के द्वारा अरण्य के पवित्र एवं शान्तिमय परिवेश में ही की गयी है, जिस कारण वेदों के एक अंश को आरण्यक नाम से भी जाना जाता है। आत्म-चिन्तन अथवा परमतत्त्व के साक्षात्कार के लिए हिमालय की उपत्यकाओं तथा वहां से निकलने वाली पवित्र नदियों के किनारों को साधु-महात्माओं के द्वारा सर्वोत्तम स्थान के रूप में अपनाया गया है। कालान्तर में इन्हीं स्थानों का प्राचीन वाङ्मय में देवताओं की क्रीड़ा-भूमि तथा ऋषियों की तपो-भूमि के रूप में परिचय होता गया। ये ही स्थान समय-समय पर कवियों, धर्माचार्यों तथा दार्शनिक मनीषियों को अपनी ओर आकृष्ट करते रहे तथा पवित्र तीर्थों के रूप में संसार में प्रसिद्ध हो गये। दूसरे शब्दों में विना अतिशयोक्ति के यह कहा जा सकता है कि देवताओं की क्रीड़ा-भूमि तथा तत्त्ववेत्ता साधु-महात्माओं की त्याग-पूर्वक की गयी तपस्या से पवित्रित स्थानों का दूसरा नाम ही तीर्थ है।

प्राचीन भारतीय सनातन परम्परा के अनुसार नैष्ठिक तथा संतुलित जीवन का यापन करने वाले मनुष्य का औसत जीवन-काल सौ वर्ष का माना जाता है- "जीवेम शरदः शतम्"। सम्पूर्ण जीवन काल को चार बराबर भागों में विभक्त किया गया है। तदनुसार जीवन के प्रथम चतुर्थांश (प्रारम्भिक 25 वर्ष के विद्याध्ययन का काल) का यापन ब्रह्मचर्याश्रम में रहकर, द्वितीय चतुर्थांश का गृहस्थाश्रम में, तृतीय चतुर्थांश का वानप्रस्थाश्रम में तथा अंतिम भाग का सन्यासाश्रम में रहकर करना चाहिए। वस्तुतः वानप्रस्थ तथा सन्यास का आशय घर छोड़कर जंगल में रहने या गैरिक वस्त्र धारण कर भिक्षावृत्ति तथा एकान्त-वास के द्वारा जीवन-निर्वाह करना

न होकर निरपेक्ष होकर धर्म-कर्मों के साथ जीवन-यापन करना है। गीता में भगवान् श्रीकृष्ण इस आशय का स्पष्ट उद्घोष करते हुए कहते हैं कि काम्य कर्मों के प्रति अभिनिवेश का अभाव ही सन्यास का नामान्तर है-

"काम्यानां कर्मणां न्यासं सन्यासं कवयो विदुः"।

जीवन के चौथे भाग में गृहणीय शास्त्र-सम्मत सन्यास-विषयक सामान्य नियम का परिस्थिति-वश अपवाद भी शास्त्रानुमोदित ही माना जाता है। जाबालोपनिषद् में कहा गया है कि सामान्य नियम के अनुसार ब्रह्मचर्याश्रम के बाद गृहस्थाश्रम, इसके बाद वानप्रस्थाश्रम एवं तदनन्तर सन्यासाश्रम ग्रहण करना चाहिए। किन्तु, तीव्रतम वैराग्य के हो जाने की अवस्था में किसी भी समय सन्यास-ग्रहण किया जा सकता है- "ब्रह्मचर्यं परिसमाप्य गृही भवेत्, गृही भूत्वा वनी भवेत्, वनी भूत्वा प्रव्रजेत्। अथवा यदहरेव विरजेत् तदहरेव प्रव्रजेत्"। इसी तरह यद्यपि जीवन के उत्तरीय हिस्से को तीर्थाटन के लिए अधिक अनुकूल समय माना गया है, तथापि इस बात का भी स्पष्ट शास्त्रानुमोदन मिलता है कि युवावस्था में किया जाने वाला तीर्थ-भ्रमण प्रशस्त होता है।

साधु-महात्माओं तथा देवताओं की वास-भूमि के रूप में निरूपित तीर्थ-स्थानों के पवित्र परिवेश से अन्तःकरण की शुद्धि के साथ-साथ मन में सात्त्विक विचारों की उत्पत्ति होती है। परिणामतः मनुष्य लोक-कल्याणकारी तथा धार्मिक कार्यों के प्रति उन्मुख होते हुए अपने इहलोक को सुख-शांतिमय बनाने के साथ ही साथ सांसारिक बन्धनों से सहजता के साथ छुटकारा पा सकता है। तीर्थ-स्थलों का वातावरण आध्यात्मिकता से अनुप्राणित होने के कारण मनुष्य के साधना के मार्ग को सुगम बना देता है। अप्रदूषित तीर्थ-स्थलों की नैसर्गिक सुन्दरता, आध्यात्मिक परिवेश, साधु-महात्माओं का संसर्ग-लाभ आदि के द्वारा सहजता के साथ चित्त-शुद्धि हो जाती है, तथा निर्मल अन्तःकरण के होने के पश्चात् परमतत्त्व की अपरोक्षानुभूति का पथ सुगम हो जाता है। यह निष्कर्ष निकालना समीचीन नहीं होगा कि तीर्थाटन मात्र से ही अभीष्ट की प्राप्ति हो जायेगी। अभीष्ट-सिद्धि में साधनों

का महत्त्वपूर्ण स्थान होने पर भी उन्हें साध्य समझ बैठना अन्ध-विश्वास को प्रश्रय देने के समान है।

पद्म-पुराण के पाताल खण्ड में तीर्थ-यात्रा के लिए प्रस्तुति तथा तीर्थ-यात्री के लिए आवश्यक योग्यता का व्याख्यान करते हुए कहा गया है कि युवावस्था में हो या जीवन के उत्तरार्ध में, मनुष्य को संसार-सागर को तैर कर पार करने के लिए ईश्वर की शरण में जाना चाहिए। उसे ईश्वर के नाम का श्रवण-कीर्तन करना चाहिए। कामादि में आसक्त न होकर पूजा-वन्दना के द्वारा अपने अन्तःकरण का ईश्वर में निवेश करना चाहिए। इस बात का सदैव ही स्मरण रखना चाहिए कि तथाकथित सांसारिक सुख क्षणिक एवं परिणामतः दुःखद होते हैं। जन्म, जरा तथा मृत्यु से रहित ईश्वर की भक्ति में ही पार्यन्तिक सुख है, जिसके लिए दुष्कर्मों का परित्याग तथा साधु-महात्माओं का संसर्ग-लाभ अत्यन्त उपादेय हैं। काम, क्रोध, लोभ, मोह आदि का परित्याग कर शान्त रस में अनुरक्त तथा कामना-रहित होकर अपने आप में रमण करने वाले साधु-महात्माओं की कृपा के माध्यम से संसार की निवृत्ति तथा चिरस्थायी सुख की प्राप्ति होती है। चूँकि तीर्थ-स्थानों में ईश्वर की भक्ति में लीन साधु-सन्तों का विचरण होता है, अतः निर्मल अन्तःकरण से युक्त मनुष्यों द्वारा इन स्थलों की यात्रा कर साधुओं का सान्निध्य-लाभ तथा आशीर्वाद ग्रहण कर उनके द्वारा बताए गये मार्ग का अनुसरण करना चाहिए। ऐसा करने पर उनके द्वारा इस जन्म में किए गये सञ्चित पापों का विनाश हो जाता है। संसार-सागर को पार करने की इच्छा रखने वाले भय-ग्रस्त मनुष्यों को चाहिए कि वे तीर्थ-स्थानों का भ्रमण करें, वहां के आध्यात्मिकता से अनुप्राणित पवित्र वातावरण को क्षतिग्रस्त किए विना पवित्र जलयुक्त स्थानों में निरन्तर विचरण करने वाले साधुओं के कृपा-पात्र बनें-

वलीपलितदेहो वा यौवनेनान्वितोऽपि वा।
ज्ञात्वा मृत्युमनिस्तीर्य हरिं शरणमाब्रजेत्।।

तत्कीर्तने तत्श्रवणे वन्दने तस्य पूजने।
मतिरेव प्रकर्तव्या नान्यत्र वनितादिषु।।

सर्वं नश्वरमालोक्य क्षणस्थायि सुदुःखदम्।
जन्ममृत्युजरातीतं भक्तिवल्लभमच्युतम्।।

स हरिर्ज्ञायते साधू संगमात्पापवर्जितात्।।
येषां कृपातः पुरुषा भवन्त्यसुखवर्जिताः।।

ते साधवः शान्तिरागाः कामक्रोधविवर्जिताः।
ब्रुवन्ति यन्महाराज तत्संसारनिवर्तकम्।।

तीर्थेषु लभ्यते साधू रामचन्द्रपरायणः।
यद्दर्शनं नृणां पापराशिदाहाषु सुक्षणि।।

तस्मात्तीर्थेषु गन्तव्यं नरैः संसारभीरुभिः।
पुण्योदकेषु सततं साधुश्रेणिविराजिषु।।

नारद-पुराण में तीर्थ-यात्रा के लिए समुत्सुक मनुष्यों को सावधान करते हुए उनसे अपेक्षित योग्यताओं के साथ-साथ तीर्थ-स्थानों के माहात्म्य का विशद वर्णन किया गया है। उल्लिखित विवरण के अनुसार वही मनुष्य तीर्थ-यात्रा के वास्तविक फल से लाभान्वित हो सकता है जो मन से, वचन से तथा कर्म से इंद्रियों का निग्रह करता हो; दया, सन्तोष तथा परोपकार की भावना से परिपूर्ण हो; तथा अहंकार जिसे स्पर्श भी न कर पाता हो। तीर्थ-यात्रा की आकांक्षा रखने वाले मनुष्य को यह ध्यान रखना चाहिए कि अभीप्सित फल की प्राप्ति के लिए बाधक तत्त्वों, यथा- काम, क्रोध, अहंकार आदि का सर्वथा परित्याग करना आवश्यक है। उसे शुद्ध अन्तःकरण से सत्य का अवलम्बन करने के साथ-साथ सभी प्राणियों के प्रति आत्मीयता की भावना रखनी चाहिए। सभी जीवों को आत्मोपम मानते हुए उसका श्रद्धा तथा धैर्य के साथ अपने ऊपर पूर्ण नियंत्रण रखना आवश्यक है। श्रद्धा-विहीन पाप-कर्मों में लिप्त, नास्तिक, संशय-ग्रस्त तथा स्वार्थ-लिप्त मनुष्य बार-बार तीर्थ-भ्रमण करने पर भी अपेक्षित फल की प्राप्ति से वञ्चित रह जाते हैं। शुद्ध चित्त के साथ की जाने वाली तीर्थ-स्थानों की यात्रा द्वारा इस जन्म में किए गये पापों से छुटकारा मिलता है, किन्तु अशुद्ध अन्तःकरण के साथ की जाने वाली तीर्थ-यात्रा वाञ्छित फलों की प्राप्ति में सहायक सिद्ध नहीं होती। तीर्थ-स्थलों पर किए गये दुष्कर्मों के प्रभाव का

तो निवारण होना सम्भव ही नहीं। प्रत्यवाय समझे जाने वाले तत्त्वों- काम, क्रोध, लोभ आदि पर विजय प्राप्त कर जो व्यक्ति तीर्थों में प्रवेश करता है, उसे अपेक्षित फल अवश्य ही मिल जाते हैं। स्वर्ग की कामना रखने वाले ऐसे व्यक्ति अपने अभीष्ट को सिद्ध करने में सफल हो जाते हैं। इस सन्दर्भ में नारद पुराण का निम्नलिखित उद्घोष स्मरणीय है-

> गंगादि तीर्थेषु वसन्ति मत्स्याः देवालये पक्षिगणाश्चरन्ति।।
> भावोज्झितास्ते न फलं लभन्ते तीर्थाच्च देवायतनाच्च मुख्यात्।।
>
> भावं ततो हृत्कमले निधाय तीर्थानि सेवेत समाहितात्मा।।

शब्दार्थ यह कि यद्यपि गंगा आदि पवित्र तीर्थों में मछलियों का निवास है तथा पक्षियों का समूह देवालयों में वास करता देखा जाता है। किन्तु, अपेक्षित भाव के अभाव में वे निर्मल अन्तःकरण से युक्त मनुष्य द्वारा तीर्थों तथा देवालयों के दर्शन से प्राप्त होने वाले अभीष्ट फल को पाने में असमर्थ रहते हैं। अतः संयमी व्यक्ति के द्वारा दैवी भाव को अपने हृदय-कमल में धारण कर तीर्थ-स्थलों का सेवन करना चाहिए।

प्राचीन धार्मिक तथा पौराणिक साहित्य का अध्ययन करने से यह स्पष्ट हो जाता है कि तीर्थ-स्थानों की यात्रा का इतिहास उतना ही पुराना है जितना कि मानव-सभ्यता का। आज की तरह उपयुक्त साधनों के न होने पर भी जिज्ञासा-वश हो या संसार-सागर से पार पाने की अदम्य इच्छा के कारण, विवेकशील व्यक्ति दुर्गम स्थानों पर स्थित तीर्थ-स्थलों की यात्रा के प्रति सदैव आग्रही रहा है। त्याग तथा आध्यात्मिकता में पर्याप्त विश्वास से रहित भौतिक सुखों की आकांक्षा रखने वाले साधन-सम्पन्न लोग वर्तमान समय में भी कठिन स्थानों पर स्थित तीर्थ स्थानों की यात्रा के प्रति उतने ही लालायित दिखाई देते हैं जितने कि अनासक्ति में आस्था रखने वाले परमतत्त्व के साक्षात्कार के लिए समर्पित भौतिक-साधनों से रहित अध्यात्म पथ के साधना-रत पथिक। समय के आवेग के कारण कभी-कभी तीर्थ-स्थानों का महत्त्व धार्मिक या आध्यात्मिक दृष्टि से कम तथा व्यावसायिक दृष्टि से अधिक होता सा प्रतीत होने लगता है। आवागमन के साधनों का द्रुत गति से होता हुआ विकास, सुरक्षित एवं सुखद आवास की बढ़ती हुई

सुविधाएं जहां एक तरफ तीर्थ-स्थानों तथा मन्दिरों को जीविका के स्रोत के रूप में परिवर्तित कर अधिकाधिक यात्रियों एवं पर्यटकों को लुभाती रहती हैं, वहीं दूसरी तरफ तीर्थों तथा मन्दिरों का पवित्र परिवेश प्रदूषित होता जा रहा है, जो कि एक गम्भीर चिन्ता का विषय है। जहां प्राचीन भारतीय परम्परा धर्म-कर्मों के सम्पादन के लिए अर्थोपार्जन की आवश्यकता पर बल देती है, वहीं वर्तमान काल में अधिकांश मन्दिरों तथा तीर्थ-स्थानों में अनावश्यक कर्म-काण्ड के आडम्बरों के आयोजनों का प्रचार-प्रसार कर उनको धन-संग्रह करने के माध्यम के रूप में उपयोग किया जा रहा प्रतीत होता है। विपरीत दिशा में होता हुआ यह परिवर्तन निश्चय ही विचारणीय विषय है।

जैसा कि पहले ही कहा जा चुका जा चुका है, तीर्थ-स्थल प्रकृति के अद्भुत प्रभाव से तथा साधु-महात्माओं की साधना के कारण आध्यात्मिक ऊर्जा से परिपूर्ण होने से पवित्र माने जाते हैं। इस पवित्रता का उल्लेख करते हुए "शुद्ध तत्त्व" के रचयिता ने लिखा है-

प्रभावादद्भुताद् भूमेः सलिलस्य च तेजसः।
परिग्रहात् मुनीनां च तीर्थानां पुण्यता स्मृता।।

यही कारण है कि अनेक कठिनाइयों तथा खतरों के बावजूद अध्यात्म के पथ पर विचरण करने वाले मनुष्य आध्यात्मिक ऊर्जा से अनुप्राणित तीर्थ-स्थानों की ओर अनादि काल से आकृष्ट होते आये हैं। हिमालय की दुर्गम उपत्यकाओं, घाटियों तथा वहां से निकलने वाली पवित्र नदियों के तटों में स्थित पवित्र तीर्थ-स्थलों के परिभ्रमण में जिज्ञासु साधक तथा सिद्ध-महात्मा गण सदा ही आनन्द का अनुभव करते आये हैं। इसे वर्तमान काल की विडम्बना ही कहा जा सकता है कि आज का व्यस्त मानव यथा-सम्भव उपलब्ध साधनों का उपयोग करते हुए यथा-शीघ्र उस आनन्द का अनुभव करना चाहता है जिसके लिए शास्त्रों में जन्म-जन्मान्तरों तक की जाने वाली साधना की आवश्यकता बतायी गयी है। भगवद्गीता में कहे गये भगवान् श्रीकृष्ण के ये वचन- "बहूनां जन्मनामन्ते ज्ञानवान्मां प्रपद्यते" तथा "अनेकजन्मसंसिद्धः ततो याति परां गतिम्" जैसे अर्थ-हीन से होते जा रहे हैं!

प्राचीन वाङ्मय का अनुशीलन करने से इस बात का प्रतिपादन हो जाता है कि कैलास तथा मानसरोवर हिन्दू, जैन, बौद्ध आदि धर्मावलम्बियों के पवित्रतम तीर्थ-स्थलों में अन्यतम हैं। भारतीय उपमहाद्वीप में जन्मे विभिन्न धर्मों के अनुयायी, आस्तिक हों या नास्तिक, कैलास तथा मानसरोवर के अलौकिक सौन्दर्य द्वारा प्रचुरता के साथ प्रभावित रहते आये हैं। यह स्वाभाविक है कि अध्यात्म में आस्था रखने वाले मनुष्य का अनुभव सामान्य पर्यटक के अनुभव से भिन्न होगा। सन् 1949 में प्रकाशित अपनी प्रसिद्ध पुस्तक "KAILAS-MANASAROVAR" में स्वामी प्रणवानन्दजी महाराज ने इस अनुभव के पार्थक्य को एक लौकिक दृष्टान्त के माध्यम से समझाते हुए लिखा कि जैसे घ्राण-शक्ति से रहित व्यक्ति अत्यन्त आनन्द-दायी सुगन्धित द्रव्य की सुगन्ध का अनुभव नहीं कर सकता या जैसे रेडियो सुनने वाला हर व्यक्ति अपने रेडियो सेट पर विदेशों से प्रसारित होने वाले मधुर संगीत के संकेतों को ग्रहण नहीं सकता या ग्रहण करने पर भी उसका पूर्ण रूप से आस्वादन करने में समर्थ नहीं हो पाता, ऐसा होने के लिए अनुकूल तरंग-दैर्घ्य तथा उपयुक्त ज्ञान की आवश्यकता होती है, उसी प्रकार आध्यात्मिक प्रवृत्ति के न होने पर तीर्थ-स्थलों पर विद्यमान आध्यात्मिक ऊर्जा का अनुभव सबके द्वारा समान रूप से कर पाना सम्भव नहीं हो सकता। क्षणिक तथा तात्कालिक यात्रा द्वारा इस ऊर्जा का अनुभव तो विरले ही सिद्ध पुरुष कर सकते हैं।

तीर्थ-यात्रा के पीछे जो भी उद्देश्य हो, यात्रियों को चाहिए कि उन पवित्र स्थानों के नैसर्गिक तथा सांस्कृतिक परिवेश के प्रति सम्वेदनशील बने रहें। ऐसा करने पर आध्यात्मिक अनुभूति में कदाचित् असफल रहने पर भी तीर्थ-स्थानों का प्रदूषण-मुक्त प्राकृतिक परिवेश भावी यात्रियों, प्रकृति-प्रेमियों तथा जनसामान्य के स्वास्थ्य के लिए क्षतिकारक होने से बचा रहेगा। प्रकृति को त्याग की प्रतिमूर्ति नारी (द्रौपदी) के रूप में श्रद्धा-भाव के साथ ग्रहण न कर यदि उसके साथ वीभत्स व्यवहार किया जाता है तो उसका परिणाम भीषण महाभारत के रूप में हमारे सामने आता है। हिमालय की गोद में विराजमान पवित्र तीर्थ-स्थानों एवं समीपवर्ती स्थलों पर आये दिनों प्रकृति के साथ होने वाली ताण्डव-लीलाएं इसी निष्कर्ष को पुष्ट करती प्रतीत होती हैं।

कैलास-मानसरोवर की यात्रा का मार्ग सुदूर अतीत की तुलना में उत्तरोत्तर सुगम होता जा रहा है। परिणामतः यात्रियों की संख्या भी दिनानुदिन बढ़ती ही जा रही है। विभिन्न मार्गों से कैलास-मानसरोवर की यात्रा करने वाले साधु-महात्माओं तथा पर्यटकों में जहां एक ओर हिमालय में स्थित सांस्कृतिक, धार्मिक तथा आध्यात्मिक केन्द्रों के प्रति सामान्य चेतना बढ़ी है, वहीं दूसरी ओर प्राकृतिक परिवेश को प्रदूषित करने की प्रवृत्ति में भी वृद्धि होती सी दिखाई देती है। इस विरोधाभास को आने वाली विपदाओं के पूर्वाभास के रूप में देखा जाना चाहिए। हमें सजग रहने की नितान्त आवश्यकता है। इस बात का भी स्मरण रखना चाहिए कि यदि तीर्थ-यात्री या पर्यटक प्राकृतिक वातावरण की उन्नति में योगदान करने में असमर्थ हों तो भी ऐसा कोई काम न करें जिससे उन सम्वेदनशील स्थानों के प्राकृतिक सन्तुलन को किसी भी रूप में क्षति पहुंचे। तत्त्वदर्शी किसी मनीषी के द्वारा कही गयी यह बात याद रखने योग्य है कि तीर्थ-स्थानों के दर्शन करने से दूसरे स्थानों में किए गये प्रदूषित कर्म-फलों का विनाश होता है, किंतु तीर्थ-स्थलों में फैलाए गये प्रदूषण के फल तो वज्र-लेप बन जाते हैं, जिनका कोई प्रायश्चित नहीं-

अन्यक्षेत्रे कृतं पापं तीर्थक्षेत्रे विनश्यति।
तीर्थक्षेत्रे कृतं पापं वज्रलेपो भविष्यति।।

2

पर्वतीय स्थलों में स्थित तीर्थ तथा कैलास-मानसरोवर

जिज्ञासा तथा तज्जन्य भौगोलिक अन्वेषण के अनवरत प्रयास मानव-स्वभाव तथा सभ्यता को अनादि काल से ही परिभाषित करते आये हैं। पर्वतों के उत्तंग शिखर, नदियों के मूल स्रोत, ऊँचे स्थानों पर विद्यमान घाटियां, प्राकृतिक सरोवर आदि को विधाता की अलौकिक रचना के रूप में प्राचीन प्राच्य तथा पाश्चात्य वाङ्मय में प्रचुरता के साथ देखा जा सकता है। प्रदूषण से रहित घने जंगलों तथा पर्वतों में जहां एक ओर मानव अस्तित्व तथा सभ्यता का मूल-स्रोत खोजा जा सकता है वहीं दूसरी ओर प्रचलित स्थानीय मान्यताओं के अनुसार उन्हें अलौकिक ईश्वरीय शक्ति का दृश्यमान रूप भी माना जाता है। विश्व के विभिन्न भागों में स्थित ऊँची-ऊँची पर्वत-मालाओं के साथ अनेकानेक धार्मिक तथा सांस्कृतिक मान्यताएं जुड़ी हुई हैं। दूसरे शब्दों में यह कहा जा सकता है कि पर्वत-शिखरों को देवताओं तथा महात्माओं के निवास के रूप में निरूपित कर उनको पवित्र एवं प्रदूषण से मुक्त बनाये रखने की आवश्यकता पर प्राचीन विश्व-वाङ्मय में बार-बार आह्वान किया गया है।

हिमालय तथा उसके समीप में विद्यमान वृक्षाच्छादित प्रान्तों के शान्तिमय परिवेश में ही तत्त्ववेत्ता ऋषियों तथा महर्षियों द्वारा विश्व-विदित वैदिक

वाङ्मय की मूल रूप में रचना की गयी थी। हिमालय की उपत्यकाओं में रहकर ही योग-साधना के बल पर दार्शनिक मनीषी इस निष्कर्ष पर पहुँचे थे कि जीव तथा ईश्वर का अन्तर मात्र औपाधिक है। अपनी लम्बी सघन साधना से प्राप्त अनुभव के आधार पर ही उन्होंने इस बात का स्पष्ट उद्घोष किया कि वस्तुतः जीव परमेश्वर का ही अंश, आभास या प्रतिबिम्ब है, एवं जीव की सेवा ही ईश्वर की सच्ची सेवा है। प्रकृति की प्रदूषण-मुक्त छत्र-छाया में रहकर ही तत्त्ववेत्ता ऋषियों ने जहां एक ओर समग्र ब्रह्माण्ड की एकात्मता का विशद व्याख्यान किया वहीं दूसरी तरफ नामरूपात्मक बाह्य-जगत् को परम तत्त्व का स्थूल स्वरूप कहकर उसकी व्यावहारिक सत्ता को प्रतिपादित किया।

प्राचीन विश्व-वाङ्मय का अनुशीलन करने से विभिन्न स्थानों में स्थित पर्वत-शिखरों की पवित्रता से जुड़ी हुई पारम्परिक मान्यताओं का सार्वजनीन अनुभव उपस्थित हो जाता है। जापान में फूजी पर्वत (Mount Fuji) को अत्यन्त पवित्र माना जाता है। पारम्परिक मान्यता के अनुसार इस पर्वत पर साक्षात् अग्निदेव का निवास है।

चीन के प्राचीन सास्कृतिक साहित्य में पर्वतों की महत्ता तथा पवित्रता का उल्लेख बार-बार पाया जाता है। इसे औत्सुक्यपूर्ण ही कहा जा सकता है "तीर्थ-भ्रमण" या "pilgrimage" के लिए जिस चीनी शब्दावली ("ch'ao-shan chin-hsiang") का प्रयोग किया जाता है, उसका अर्थ है- "पर्वतों के प्रति सम्मान का प्रकटीकरण"। तै-शान पर्वत (Mount Tai Shan) देवताओं का निवास स्थान ही नहीं बल्कि उसे साक्षात् देवता के रूप में देखा जाता था। प्राचीन चीनी साहित्य में इस पर्वत को स्वर्ग के सम्राट के पुत्र के रूप में वर्णित किया गया है। कहा गया है कि तै-शान पर्वत पर आरोहण के लिए सात हजार सीढ़ियों का निर्माण किया गया था।

सुप्रसिद्ध चीनी दार्शनिक लाओजि (Laozi) ने अपने शिष्यों को पर्वतों के प्रति असाधारण सम्मान तथा भक्ति-रखने का उपदेश दिया था। उक्त दार्शनिक के मत में पर्वतों में पवित्र ऊर्जा का निवास है। उनके शिष्य पूर्वी चीन में स्थित पांच पवित्र माने जाने वाले पर्वतों की यात्राएं किया करते थे

ताकि उन्हें आध्यात्मिक ऊर्जा प्राप्त हो सके। उन पर्वतों को अमर आत्माओं के द्वारा शासित माना जाता था।

प्रथम शताब्दी में भारत से प्राचीन सिल्क मार्ग द्वारा वापस लौटने वाले चीनी व्यवसायियों के द्वारा अपने देश के साथ बौद्ध धर्म का परिचय कराया। बौद्ध धर्म के प्रचार तथा प्रसार होने के पश्चात् इस धर्म के अनुयायियों ने भी ताओ सन्तों की तरह ही एकान्त अरण्यों तथा ऊंचे पर्वतों को अपने साधना स्थलों के रूप में वरण किया। बौद्ध धर्म के विस्तार के साथ ही चार पारम्परिक पवित्र पर्वत शिखरों में मठों का निर्माण कर उन्हें वोधिसत्त्व के निवास के रूप में प्रसिद्धि प्राप्त हो गयी:

- वुताइ शान (Mount Wu Tai Shan-3,061 metres, Shanxi province) को मंजुश्री के रूप में;
- पु तुआओ शान (Pu Tuo Shan-284 metres, Zhejiang province) को अवलोकितेश्वर के रूप में;
- इमेइ शान (Emei Shan-3,099 metres, Sichuan province) को पवित्र सामंतभद्र के रूप में; तथा
- जिउ हुआ शान (Jiu Hua Shan-1,341 metres, Anhui province) को क्षितिगर्भ के रूप में।

शिष्ट व्यवहार, शिष्टाचार तथा मर्यादा के अद्वितीय प्रचारक कन्फूशियस (Confucius) ने पर्वतों को सुजनता तथा उदारता के प्रतीक के रूप में चित्रित किया था। उनके अनुसार बुद्धिमान् व्यक्ति जलाशय में आनन्द की प्राप्ति करता है किन्तु उदार व्यक्ति को उस आनन्द की उपलब्धि पर्वत पर होती है, क्योंकि बुद्धि परिवर्तनशील है जबकि उदारता शाश्वत है, बौद्धिक ज्ञान से सुख की प्राप्ति होती है जबकि उदारता जीवन को चिरन्तन विस्तार प्रदान करती है:

> "*The wise take pleasure in water, but the benevolent in mountain,because wisdom moves about but benevolence remains still, wisdom leads to happiness, benevolence to long life*".

मूर्ति-पूजा में विश्वास न करने वाले मध्य एशिया के किरगीज (Kyrgyz or Kirghiz) क्षेत्र में रहने वाले लोग मुमताज अड़ा (Mumtaz Ada) पर्वत को देखने पर घुटने टेक कर नत-मस्तक हो जाते हैं। इस तरह के व्यवहार के पीछे लोगों का यह विश्वास है कि उक्त पर्वत पर सत्तर (70) फकीर रहते हैं एवं मूसा तथा अली (Musa and Ali) उनमें अन्यतम हैं।

श्रीलंका के एक प्रसिद्ध पर्वत को आदम पीक (Adam Peak) के नाम से अभिहित करने के पीछे कारण यह है कि वहां एक चट्टान पर स्थित पद-चिन्हों को बौद्ध धर्म के अनुयायी भगवान् बुद्ध का, इस्लाम के समर्थक पैगम्बर का तथा ईसाई धर्म के अनुसरण करने वाले सैण्ट थामस का होने पर विश्वास करते हैं। हिन्दू धर्म के अनुयायी इस पर्वत की पवित्रता को हनुमान् तथा महादेव के साथ जोड़कर देखते हैं। तात्पर्य यह कि उक्त पर्वत शिखर की धार्मिक पवित्रता को सभी स्वीकार करते हैं।

मलेशिया के सबह प्रान्त (बोर्नियो द्वीप का उत्तरी भाग) में स्थित 4,095 मीटर उच्चता विशिष्ट किनाबालु पर्वत को स्थानीय कदाजानदुसुन नामक जनजाति समुदाय के लोग अत्यन्त पवित्रता की दृष्टि से देखते हैं।

मध्य एशिया में स्थित सिनाई पर्वत (Mount Sinai) को यहूदी धर्म के अनुयायियों का पवित्र पर्वत माना जाता है। यहूदी धार्मिक परम्परा के अनुसार सिनाई पर्वत के नीचे मन्दिर का निर्माण परमात्मा की आज्ञा के अनुसार किया गया था। प्रचलित पारम्परिक आस्था के अनुसार मात्र हजरत मूसा (Prophet Moses), जिन्हें हिब्रू बाईबिल में प्राचीन मिस्र (Egypt) का राजकुमार भी कहा गया है, ही केवल इस पर्वत में आरोहण कर सकते हैं। ईशा-मसीह के कुछ अनुयायी यह भी मानते हैं कि ईश्वर ने सर्वप्रथम हजरत मूसा को दस आज्ञाओं (Ten Commadments) का निर्देश दिया था। इसी विश्वास के आधार पर पिछले 2000 वर्ष से उक्त पर्वत शिखर पर तीर्थ-यात्रियों का आरोहण होता रहा है।

प्राचीनतम क्रिश्चियन धर्म-ग्रंथ बाइबिल के अनुसार जो परमात्मा में विश्वास करते हैं, उन्हें माउण्ट जिओन (Mount Zion) की तरह ही

हिलाया या विचलित नहीं किया जा सकता है। प्राचीन यूनान (Greece) में ओलम्पस पर्वत (Mount Olympus) को देवताओं का निवास माना जाता था।

यूरोप में स्थित आल्प्स पर्वत माला (The Alps) के शिखरों- माउण्ट ब्लांक (Mont Blanc) तथा माउण्ट रोचेमेलोन (Mount Rocciamelone) के साथ ईसाई धर्म की कई मान्यताएं जुड़ी हुई हैं। रोचेमेलोन पर वर्जिन मैरी (Virgin Mary) की मूर्ति को साथ लेकर चढ़ने की परम्परा का निर्वाह होता रहा है। यह भी स्मरणीय है कि 3,538 मीटर ऊँचाई वाले इस पर्वत-शिखर में सन् 1899 में Virgin Mary की तीन मीटर ऊँची मूर्ति को स्थापित किया गया था।

एक प्रचलित लोक-मान्यता के अनुसार अफ्रीका महाद्वीप में स्थित उच्चतम केन्या पर्वत (Mount Kenya) में अंगाई देवता (Ngai or Muen Nyaga) निवास करते हैं। तांजानिया में स्थित धधकते ज्वालामुखी किलिमंजारो पर्वत (Mount Kilimanjaro) पर छागा जन-जाति के लोगों के आराध्य देवता अल डोन्यो लेंगाई (Ol Donyo Lengai) विराजमान हैं।

न्यूजीलैंड के समुद्र-तटीय तारानाकी पर्वत (Mount Taranaki-2,518 meters) को प्राचीन मान्यताओं के अनुसार अत्यन्त पवित्र माना जाता है। उसके आस-पास रहने वाले आदिम जनजाति के लोग इस पर्वत से निकलने वाली नदी तथा अन्यान्य प्राकृतिक सम्पदाओं को अमूल्य धरोहर मानते हुए अपने अस्तित्व के लिए ईश्वरीय वरदान समझते हैं।

कनाडा में स्थित 5,486 मीटर (18,000 फीट) ऊँचे सैण्ट इलियास गिरि शिखर (Mount Saint Elias) के आस-पास रहने वाले याकूटट (Yakutat) जन-जाति के लोग मानते हैं कि उत्तरी अमेरिका के इस उच्चतम शिखर में रहने वाले देवात्मा धुंध में सिर उठाए सबको आशीर्वाद दे रहे हैं।

अलास्का के मोडोक (Modok) आदिम जाति के लोग मानते हैं कि सृष्टि के प्रारम्भ में परमात्मा ने सर्व-प्रथम शास्ता (Shasta) पर बर्फ के

पर्वत का निर्माण किया था। तत्पश्चात् स्वर्ग को भेद कर एक बड़े छिद्र के माध्यम से उसे धरती पर उतार दिया। जब जीव-जन्तुओं के साथ यह पर्वत हर-भरा हो गया तो परमात्मा स्वयं स्वर्ग से उतरकर इस पर्वत पर निवास करने लगे। इस पर्वत से निकलने वाले धुन्ध को मोडोक कबीले की पारम्परिक मान्यता के अनुसार देवता द्वारा ठंड से अपने परिवार को बचाने के लिए जलायी गयी आग से निकला हुआ धुआँ माना जाता है।

मध्य अमेरिका की माया जनजातीय सभ्यता (Mayan Civilisation) में "प्रकृति" को मूलतः पर्वतों के सन्दर्भ में ही विवेचित किया गया है। बृहत्तर अर्थ में प्रकृति का आशय ईश्वर निर्मित सृष्टि से है जिसमें समस्त सुन्दर तथा घातक वस्तुओं का समाहार है। जनजातीय शोध तथा पुरातात्त्विक खोजों से माया सभ्यता के अवशेष के रूप में पर्वत शिखरों पर पवित्र धार्मिक स्थलों की उपस्थिति सिद्ध होती है। माया चित्र-कलाएं, पुरातात्त्विक अवशेष "फूलों के पर्वत", "ईश्वरीय प्रासाद" आदि प्रतीकों के माध्यम से ब्रह्माण्ड के निर्माता ईश्वर को सागर से आकाश तक जोड़ती हैं। गुफाओं तथा फूलों से सजे पर्वतों के मुख को ईश्वरीय सम्वाद का माध्यम माना जाता है।

दक्षिण अमेरिका में भी पर्वतों की पवित्रता तथा उनमें देवत्व की भावना का व्यापक उल्लेख मिलता है। मैक्सिको की अजटेक सभ्यता (Aztec Civilization) के अनुसार अच्छे उत्पादन के उद्देश्य से खेती करने के लिए पर्वतों की पूजा की जाती थी। वर्षा की कामना करने के लिए पर्वतों में विराजमान देवताओं को प्रसन्न करने के लिए पर्वत की चोटी पर बलिदान किया जाता था।

दक्षिण अमेरिका में 2,000 मील की लम्बाई में फैले अण्डेज पर्वत मालाओं (Andes Mountains) की चोटियों को देवताओं का निवास-स्थान बताया गया है। उन देवताओं में सबसे अधिक शक्तिशाली देवता अपस (Apas) का निवास उक्त पर्वत माला के सर्वोच्च शिखर माउण्ट असांगटे (Mount Ausangate) में माना जाता है। स्थानीय पारम्परिक विश्वास के अनुसार अपस सूर्य का प्रतिनिधि है तथा उसे प्रसन्न रखने के लिए बलि देना आवश्यक है।

जहां तक भारतवर्ष में पर्वतीय स्थलों की महत्ता तथा पवित्रता का प्रश्न है, वैदिक तथा पौराणिक साहित्य से चली आ रही इस अविच्छिन्न परम्परा की छाया वर्तमान युग में लिखे जा रहे साहित्य में भी स्पष्ट रूप से देखी जा सकती है। पर्वताधिराज हिमालय ही नहीं, अपितु अरुणाचल, तिरुमला, अगस्त्य माला, मलय गिरि, सह्याद्रि, गिरिनार, विंन्ध्य, अमरकण्टक, पारसनाथ, गोवर्धन आदि पर्वत अद्यावधि भारत की सांस्कृतिक तथा आध्यात्मिक चेतना के जीवन्त केन्द्र हैं।

प्राचीन भारतीय साहित्य में प्रकृति के विभिन्न रूपों को परमतत्त्व की अभिव्यक्ति के रूप में वर्णित किया गया है। पर्वतों तथा नदियों, विशेषत: हिमालय एवं उससे निकलने वाली नदियों को आध्यात्मिकता से जोड़ा गया है। धर्म-ग्रन्थों के साथ-साथ काव्य-ग्रन्थों में भी हिमालय की पवित्रता तथा सुन्दरता का प्रचुर विवरण दिया गया है। महाकवि कालिदास ने अपने प्रसिद्ध महाकाव्य कुमारसम्भवम् के प्रारम्भिक पद्यों में हिमालय को देवताओं की आत्मा कह कर उसे पृथ्वी का मानदंड कहा है। उनके शब्दों में "अनन्त रत्नों के भण्डार तथा सदा-सर्वदा हिमाच्छादित रहने वाले हिमालय पर्वत को सभी पर्वतों ने मिलकर बछड़े के रूप में प्रस्तुत किया था तथा मेरू या कैलास पर्वत को दुहने का कार्य देकर पृथु नामक राजा ने पृथ्वी रूपी गाय से अनेकों रत्नों तथा औषधियों का दोहन कर प्रजा की सेवा की थी"-

> अस्त्युत्तरस्यां दिशि देवतात्मा हिमालयो नाम नगाधिराज:।
> पूर्वापरौ तोयनिधीवगाह्य स्थित: पृथिव्यामिव मानदण्ड:।।
>
> यं सर्वशैला: परिकल्प्य वत्सं मेरौ स्थिते दोग्धरि दोहदक्षे।
> भास्वन्ति रत्नानि महौषधिश्च पृथूपदिष्टां दुदुहुर्धरित्रीम्।।
> अनन्तरत्नप्रभवस्य यस्य हिमं न सौभाग्यविलोपि जातम्।।

प्राचीनतम ग्रन्थ ऋग्वेद के दशम मण्डल के अध्ययन से स्पष्ट होता है कि वैदिक मन्त्र-दृष्टा ऋषि हिमालय में पायी जाने वाली वनौषधियों से भली भाँति परिचित थे। वैदिक ऋचाओं में हिमालय से प्रार्थना करते हुए कहा गया है: "यस्य मे हिमवन्तो ..." अर्थात्: "हे हिमवन्त! तेरे हिम से

आच्छादित सफेद पर्वत, वन तथा उपवन हमें सुख प्रदान करें"। वाल्मीकि विरचित आदि-काव्य रामायण तथा व्यास देव रचित महाभारत में हिमालय पर्वत, उसके अभिन्न अंग कैलास, वहां से बहने वाली नदियों, वहां निवास करने वाले देवताओं, यक्षों, गंधर्वों, ऋषि-मुनियों तथा उनके द्वारा तपश्चर्या से प्राप्त सिद्धियों आदि का व्यापक विवरण दिया गया है। "स्थावराणां हिमालयः" तथा "मेरुः शिखरिणामहम्" कहकर भगवद्गीता में भगवान् श्रीकृष्ण ने हिमालय तथा कैलास को अपना प्रतिरूप कहकर उल्लेख किया है। पुराणों तथा उप-पुराणों में कैलास-मानसरोवर के साथ हिमालय तथा वहां से निकलने वाली नदियों की पवित्रता का बार-बार वर्णन किया है। समुद्र-मन्थन से निकले विष को अपने कण्ठ में धारण कर नीलकण्ठ बन कर समाधि लगाए भोलेनाथ की लीला-भूमि के रूप में कैलास पर्वत का ही चयन किया गया है। स्वर्ग में विराजमान् भगवान् विष्णु के पांवों को पखारने वाली सुर-नदी गंगा का पृथ्वी पर अवतरण हिमालय के मार्ग से ही हुआ था। यही कारण है कि स्वर्ग से सवेग निकलकर हिमालय में समाधि में निरत शिव की जटाओं में कुछ समय तक उलझ कर धरा-धाम में प्रवेश करने वाली सुर-नदी गंगा अपने नाम के साथ अलौकिकता, पवित्रता तथा शीतलता का बोध कराती है।

यहां इस भ्रम का निवारण करना प्रासंगिक होगा कि यदि भगवान् शंकर कैलास में समाधि में लीन थे तो गंगा का उद्गम दूसरे स्थान (गंगोत्री) से कैसे हो सकता है? पुराणों या वैदिक वाङ्मय का सम्प्रदायानुगत रहकर अनुशीलन करने से यह स्पष्ट हो जाता है कि सम्पूर्ण हिमालय को भगवान् शंकर की भूमि माना जाता है- "हरः शेते हिमालये"। सामान्य अर्थ में हिमालय से निकलने वाली हर नदी को गंगा के नाम से ही अभिहित किया जाता है- यथा, भागीरथी गंगा, मन्दाकिनी गंगा, अलकनन्दा गंगा, बाण गंगा, काली गंगा, गोरी गंगा, धौली गंगा, सरयू गंगा, राम गंगा, आदि। गंगा शब्द से जो अर्थ ध्वनित होता है, वह है- शीतलता तथा पवित्रता।

यह भी स्मरणीय है कि कैलास पर्वत से निकलने वाले जल स्रोत या निर्झर को तिब्बतीय भाषा में "ल्हा-छू" (Lha Chhu)के नाम से जाना जाता है जिसका अर्थ है- देवताओं का पानी या सुर-नदी। गंगा को भी

जागेश्वर मन्दिर तथा पाताल भुवनेश्वर गुफा

देवदारु के वृक्षों से परिवृत नागेश या जागेश्वर के प्राचीन मन्दिर

वृद्ध-भुवनेश्वर तथा पाताल-भुवनेश्वर का प्रवेश-मार्ग

गुफा के भीतर शेषनाग की प्राकृतिक प्रतिमा

रास्ते के विभिन्न दिशाओं में दर्शनीय चौकोड़ी आदि के परिदृश्यों की झलक

धारचूला नगर से गुजरती काली नदी; उस पार नेपाल

नारायण-स्वामी आश्रमः मन्दिर में सूर्य-नारायण की प्रतिमा

नारायण स्वामी आश्रम से गुंजी का कठिन पर्वतीय पथ

सिरखा आस-पास की प्राकृतिक झलक

जंगलचट्टी से गाला का मार्ग तथा काली नदी का भयावह रूप

बुधी-मार्ग में पग-डंडियां

प्रसिद्ध पुस्तक "Trans Himalayas" में उस क्षेत्र के अलौकिक सौन्दर्य का वर्णन करते हुए लिखा है कि अन्य धर्मों के अनुयायी और वे विदेशी जो मिट्टी, पत्थर तथा चट्टानों से निर्मित पर्वतों के प्रति श्रद्धा-भाव नहीं रखते, जब कैलास को देखते हैं तो भय तथा श्रद्धा भाव से भर जाते हैं। ऐसा पवित्र पर्वत वास्तव में इस धरती पर अन्यत्र कहीं नहीं है।

इसी तरह के अनुभव को अभिव्यक्ति देते हुए ऐड् विन बर्नबौन (Edwin Bernbaun) ने अपनी प्रसिद्ध पुस्तक "Sacred Mountains of the World" में उल्लेख किया-

> *"Kailas has extraordinary setting and appearance. Kailas looks more like a piece of marble sculpture fashioned by the hands of God, than a mountain created by forces of nature."*

हिन्दू धर्म में कैलास को महायोगी शिव का साक्षात् स्वरूप माना जाता है। हिम-धवल केश-गुच्छों से लिपटकर साक्षात् महादेव ही समाधि में लीन होकर कैलास के रूप में विराजमान माने जाते हैं। इसी प्रकार बौद्ध तथा जैन धर्म के प्राचीन ग्रन्थों में भी कैलास की महत्ता तथा पवित्रता का प्रचुर मात्रा में उल्लेख मिलता है।

तिब्बतीय बौद्ध-परम्परा इस बात में विश्वास करती है कि भगवान् बुद्ध ने इस तत्त्व को प्रकाशित किया था कि कैलास सम्पूर्ण ब्रह्माण्ड का नाभि-स्थल है, इसका शिखर पगोडा है तथा यह महातपस्वी (डेमचौक) का चमकता हुआ शुभ्र आवास है। इस अद्भुत विश्व में सर्वोच्च स्थान पर महायोगी ध्यानस्थ होकर विराजमान हैं।

3

यात्रा मार्ग तथा प्रमुख दर्शनीय स्थल

सुव्यवस्थित रूप में कैलास-मानसरोवर की यात्रा के मार्गों का लिपि-बद्ध न होने पर भी प्राचीन भारतीय वाङ्मय- वाल्मीकि रामायण, महाभारत, पुराणों, काव्यों आदि में कैलास तथा मानसरोवर के विशद विवरण मिलते हैं। नन्दी-पुराण में कैलास-मानसरोवर की यात्रा के लिए अनुसरण किए जाने वाले मार्गों का निर्देश करते हुए उल्लेख किया गया है कि केदार क्षेत्र से कुछ दूर जाने पर तीन रास्ते मिलते हैं, जिनमें से एक विष्णुपुर (बदरीनाथ) होकर, दूसरा ब्रह्मपुर होकर तथा तीसरा सीधे ही कैलास की ओर अग्रसर होता है-

एकं विष्णुपुरं याति द्वितीयं ब्रह्मवेश्मनि।
कैलासमार्गं तृतीयं त्रिधा मार्गस्य लक्षणम्।।

कष्ट-साध्य होने के साथ-साथ बीसवीं शताब्दी के मध्य भाग में उत्तर दिशा में स्थित पड़ोसी देश में हुए राजनैतिक परिवर्तनों के परिणाम-स्वरूप नये रूप में खींची गयी सीमा-रेखाओं के कारण प्राचीन वाङ्मय में निर्दिष्ट कैलास-मानसरोवर की यात्रा के अधिकांश मार्गों का वर्तमान काल में अवलम्बन नहीं किया जाता, तथा न उनको उपयुक्त ही समझा जाता है। नन्दी पुराण के अनुसार यात्रा का उपयुक्त समय आश्विन (सितम्बर-अक्टूबर) का महीना है-

आश्विने मासे सम्प्राप्ते गन्तव्यं शंकरालयम्।

वर्तमान काल में उपलब्ध संसाधनों तथा सुविधाओं का अतीत में अभाव था। अतः उस समय सम्पादित की जाने वाली कैलास-मानसरोवर की यात्रा भौतिक दृष्टि से अधिक कष्टदायक रही होगी, इस बात का सहज ही अनुमान लगाया जा सकता है। यही कारण है कि तीव्रतम वैराग्य से सम्पन्न कुछ ही अध्यात्म पथ के समर्पित पथिक तथा साधु-महात्मा कैलास-मानसरोवर की कठिन यात्रा पर जाते थे। इस आशय का स्पष्ट उद्घोष करते हुए इसीलिए यहां तक कह दिया गया है कि महादेव की कृपा के विना कैलास-मानसरोवर के महामार्ग को प्राप्त करना असम्भव है-

विना रुद्रप्रसादेन न लभन्ते महापथम्।

अतीत में धार्मिक, व्यावसायिक, पर्यटन, साम्राज्य-विस्तार या अन्य कारणों से तिब्बत, कैलास तथा मानसरोवर की यात्रा के उल्लिखित विवरणों से भी उस पवित्र भूमि में प्रवेश करने के अनेक मार्गों का पता चलता है। इस बात का प्रामाणिक उल्लेख मिलता कि वर्ष सन् 1962 से पहले वर्तमान उत्तराखण्ड राज्य में स्थित हिमालय के 18 गिरि-द्वारों से कैलास-मानसरोवर की यात्रा के लिये तिब्बत में पदार्पण किया जाता था। कश्मीर के राजा ललितादित्य (699-735 AD) ने अपने शासन-काल में तिब्बत के अधिकांश भूभाग पर अपना आधिपत्य स्थापित कर लिया था। सन् 1840 में लद्दाख क्षेत्र को कश्मीर में मिलाकर महाराजा गुलाब सिंह का साहसी सेनापति जोरावर सिंह सन् 1841 में कैलास-मानसरोवर की यात्रा में गया था। कैलास पर्वत के पास ही में स्थित तीर्थ पुरी नामक स्थान पर उसने अपने मुख्यालय की स्थापना की थी। लद्दाख से होकर कैलास-मानसरोवर जाने का उक्त मार्ग कम समय में तय किया जा सकता है, किन्तु पारिस्थितिक विवशताओं के कारण बन्द पड़ा हुआ है। स्वामी प्रणवानन्द ने अपनी पुस्तक "KAILAS MANASAROVAR" में कैलास-मानसरोवर की यात्रा के लिए 12 मार्गों का विस्तार से वर्णन किया है।

नेपाल की राजधानी काठमाण्डू होकर कैलास-मानसरोवर की यात्रा का मार्ग लम्बा होने पर भी सुगम माना जाता है। कैलास पर्वत की परिक्रमा के

अतिरिक्त सारी यात्रा वाहनों के द्वारा तय करने के कारण लगभग दो सप्ताह के भीतर ही यात्रा सम्पादित हो जाती है। इस मार्ग से कैलास-मानसरोवर की यात्रा करने वालों की संख्या भारत सरकार द्वारा प्रायोजित भारत की उत्तरीय सीमा से तिब्बत में प्रवेश कर की जाने वाली यात्रा की तुलना में बहुत अधिक है। भारत सरकार के सतत प्रयासों के परिणाम-स्वरूप सुदूर पूर्वोत्तर में स्थित सिक्किम राज्य के नथूला पास से होकर कैलास-मानसरोवर यात्रा का भारत सरकार द्वारा प्रायोजित अन्य एक मार्ग सन् 2015 से प्रशस्त हो गया है। यह मार्ग अधिक लम्बा तथा व्यय-साध्य होने पर भी कम समय लेता है तथा इस मार्ग से कैलास तक की पूरी दूरी आराम-दायक वाहनों के द्वारा तय कर ली जाती है।

पौराणिक तथा ऐतिहासिक उल्लेखों के आधार पर कहा जा सकता है कि कैलास-मानसरोवर यात्रा के अधिकांश मार्ग वर्तमान में उत्तराखण्ड नाम से परिचित भारत की उत्तर दिशा में स्थित राज्य के पिथौरागढ़, चमोली गढ़वाल तथा उत्तरकाशी नामक जनपदों से होकर निकलते थे। लिपुलेक, लिम्पिया लेक, न्यू-धुरा, ऊँटा-धुरा, नीति, माणा तथा निलंग गिरि द्वारों से होकर पुराने समय में तिब्बत के साथ व्यापारिक वस्तुओं का आदान-प्रदान हुआ करता था तथा इन्हीं मार्गों के माध्यम से तीर्थ-यात्री भी कैलास-मानसरोवर की पवित्र यात्रा का सम्पादन किया करते थे।

सन् 1962 के बाद ये सारे मार्ग बंद कर दिए गये। सन् 1981 से पड़ोसी देश के साथ एक समझौते के तहत पिथौरागढ़ जनपद के लिपुलेक गिरि-द्वार से होकर कैलास-मानसरोवर की यात्रा का मुख्य मार्ग खोल दिया गया। इस मार्ग से की जाने वाली यात्रा भारत सरकार के विदेश मन्त्रालय द्वारा प्रतिवर्ष जून महीने के प्रथम सप्ताह से सितम्बर के मध्य में प्रायोजित होती है। भारत की सीमा के भीतर होने वाली इस यात्रा का प्रथम चरण कुमाऊँ मण्डल विकास निगम तथा भारत-तिब्बत सीमा पुलिस की देख-रेख में सम्पादित होता है तथा व्यय-बहुल दूसरे चरण की यात्रा का सम्पादन चीन देश की सरकार के सहयोग से पूरा किया जाता है। अधिक दूरी न होने पर भी यात्रा का सम्पादन करने में तीन सप्ताह का समय व्यतीत होता है।

कष्टसाध्य होने पर भी कैलास-मानसरोवर की यात्रा का यही मार्ग सर्वाधिक आनन्द-दायक है।

स्कन्द-पुराण के मानस-खण्ड में कैलास-मानसरोवर यात्रा का लिपुलेक गिरि-द्वार से होकर निकलने वाला मार्ग प्रशस्त माना गया है। उक्त ग्रंथ में यात्रा के मार्ग में आने वाले पवित्र धार्मिक स्थलों, पर्वतों, नदियों आदि का विशद वर्णन किया गया है, जिसका यहां पर संक्षिप्त उल्लेख अप्रासंगिक न होगा।

पथ की पवित्रता

मानस-खण्ड के ग्यारहवे अध्याय में कैलास-मानसरोवर मार्ग की दुर्गमता का व्याख्यान करते हुए धर्म में निष्ठा रखने वाले मनुष्यों के लिए उसे सुगम बताया गया है। उल्लिखित विवरण के अनुसार भारत के उत्तर-खण्ड में हिमालय तथा उसके चरणों में कूर्माचल नामक पर्वत स्थित है ('कुमाऊं' कूर्माचल का ही नामान्तर है)। कूर्माचल पर्वत-श्रेणी अनेक तीर्थों तथा वन्य-प्राणियों से संकुलित है। इसी पर्वत-श्रेणी से कैलास-मानसरोवर की यात्रा का समारम्भ होना चाहिए। श्रद्धा से ओत-प्रोत यात्री को चाहिए कि वह गण्डकी तथा लोहवती नदियों में स्नान कर भगवान् शंकर तथा अन्य देवताओं का दर्शन कर सरयू के तट पर शुभ कूर्म-शिला का पूजन करने के पश्चात् हंस तीर्थ के जल से स्नान करे। तत्पश्चात् दारु पर्वत का अतिक्रम करे तथा पाताल-भुवनेश्वर की दो दिन उपवास के साथ पूजा-अर्चना सम्पन्न करे। इसके बाद राम-गंगा में स्नान कर बालीश तथा शिव के गणों की पूजा करते हुए पवित्र ध्वज-पर्वत की ओर आगे बढ़े। ध्वज-पर्वत पर ध्वजेश की पूजा करने के उपरान्त काली तथा गोरी नदियों के संगम पर पहुँच कर कालीश की अर्चना करनी चाहिए। काली-गोरी नदियों के पवित्र संगम पर आराधना करने के उपरान्त चतुर्दष्ट्र (चौदास) पर्वत में प्रवेश होता है। इस पर्वत को हिमालय के दाँत के रूप में ग्रहण कर अपनी श्रद्धा का अर्पण करना चाहिए। इसके बाद धर्म-द्वार से निकल कर व्यास के आश्रम में पदार्पण करना चाहिए तथा पुराणों के रचयिता महर्षि वेद व्यास की पूजा करनी चाहिए। श्यामा (काली) नदी के मूल में स्थित तपश्चर्या में लीन

व्यास-देव का पूजन करने के पश्चात् तीर्थ-यात्री के लिए व्रत-उपासना आदि उपचारों को करने की आवश्यकता नहीं रह जाती- ऐसा ऋषि वशिष्ठ का वचन है। प्रत्येक तीर्थ-यात्री को स्थानीय लोगों के प्रति उसी तरह का आदर भाव रखना चाहिए जैसा कि ऋषि-मुनियों के लिए रखना उचित है। उसे अपने आप में भी देवत्व की भावना देखनी चाहिए।

व्यासाश्रम पर्वत को पार कर केरल पर्वत पर देवी का ध्यान करते हुए पुलोमन् पर्वत की तरफ अग्रसर होना चाहिए। पुलोमन् पर्वत पर स्थित पुलोमा सरोवर के मध्य में विराजमान पुलोमेश का ध्यान करते हुए तारक पर्वत में प्रवेश करना चाहिए। वहां पर तारिणी एवं शारदा के संगम पर स्नान कर तारकेश शिव का स्मरण करते हुए गौरी गिरि की तरफ अग्रसर होना चाहिए। गौरी गिरि को पार कर राजहंसों द्वारा सेवित मानसरोवर में हंस रूप में भूत-भावन भगवान् शंकर का दर्शन होता है।

वर्तमान समय में भारत सरकार द्वारा समायोजित कैलास-मानसरोवर की यात्रा के पथ में पड़ने वाले स्थानों का स्कन्द पुराण के मानस-खंड में विस्तृत विवरण पाया जाता है, यद्यपि उन स्थलों का प्रचलित स्थानीय संज्ञाओं के साथ पूर्ण समन्वय करना शोध-सापेक्ष है। निर्दिष्ट यात्रा मार्ग में समयानुसार सुविधाओं तथा परिस्थितियों को देखते हुए संशोधन होते रहते हैं। तथापि यात्रा-पथ में आने वाले प्रमुख पवित्र स्थलों पर संक्षिप्त आलोक-पात जिज्ञासु यात्रियों तथा पाठकों को रुचिकर प्रतीत होगा।

जागेश्वर या जागीश्वर

"नागेशं दारुकावने" कथन से स्पष्ट है कि भगवान् शंकर के बारह स्वयम्भू ज्योतिर्लिंगों में से अन्यतम इस सघन देवदारु वृक्षों से परिवेष्टित जागेश्वर नामक रमणीय स्थान पर विराजमान है। भारत के अन्य भागों में प्रचलित कुछ पारम्परिक मान्यताएं "नागेश" नामक ज्योतिर्लिंग की अवस्थिति दक्षिण भारत में हैदराबाद के समीप ओढ़ा-ग्राम में या गुजरात प्रान्त के अन्तर्गत द्वारका से 20 किलोमीटर दूर पूर्वोत्तर दिशा में निर्धारित करती हैं। किन्तु प्रासंगिक पौराणिक साहित्य तथा भौगोलिक परिस्थिति का सावधानी के

साथ अध्ययन करने से इस विषय में विवाद का अवकाश ही नहीं रह जाता कि जागेश्वर या जागीश्वर ही वास्तव में नागेश नाम से विश्रुत स्वयम्भू ज्योतिर्लिंग का स्थान है। निर्विवाद रूप से यह कहा जा सकता है कि अन्य दोनों ही स्थानों की जलवायु देवदारु के वृक्षों के उगने के लिए अनुकूल नहीं है। "दारुका" शब्द से "देवदारु" के वृक्ष का ही निर्देश होता है, सामान्य वृक्ष का नहीं। यदि दारु या दारुका शब्द से सामान्य वृक्ष का निर्देश माना जाए तो उसके साथ लगा हुआ वन शब्द असंगत हो जाएगा। वृक्षों या उनके समूह को ही वन के नाम से जाना जाता है।

गुजरात प्रान्त में द्वारका के पास "नागेश" नामक ज्योतिर्लिंग की स्थिति मानने वाले कुछ लोग शिव-पुराण में वर्णित उस आख्यान की ओर निर्देश करते हैं जिसके अनुसार दारुक नामक राक्षस ने सुक्रिय नाम के एक शिव-भक्त तपस्वी ब्राह्मण के द्वारा बन्दीगृह में शिव-लिंग की स्थापना किए जाने के बारे में सुनकर जब उसकी हत्या करनी चाही तो अपने उस प्रिय भक्त को संकटापन्न देख कर स्वयं भगवान् शंकर ने अपने पाशुपत नामक अस्त्र के प्रहार से उस दैत्य का वध कर दिया। कालान्तर में माना जाने लगा कि सुक्रिय ब्राह्मण द्वारा स्थापित वही शिव लिंग नागेश या नागेश्वर नामक ज्योतिर्लिंग है।

यहां यह स्मरणीय है कि आशुतोष भोलेनाथ के पूजा-स्थल तथा उनके समर्पित उपासक पूरे भारतीय उप-महाद्वीप में जगह-जगह पर विद्यमान हैं। यह मानना युक्ति-संगत नहीं कहा जा सकता है कि पौराणिक आख्यानों से जुड़े सभी शिव लिंग वस्तुतः भगवान् शंकर के स्वयम्भू ज्योतिर्लिंग ही हैं। गुजरात में द्वारका के पास स्थित नागेश्वर के मन्दिर के आस-पास देवदारु तो दूर की बात है, सामान्य वृक्षों से युक्त जंगलों का भी अभाव पाया जाता है। किसी दैत्य के नाम से प्रसिद्ध स्थान पर उसका संहार करने वाले देवता के स्वयम्भू स्वरूप का अस्तित्व भी अस्वाभाविक सा लगता है। इसके विपरीत जागेश्वर नाम से विश्रुत घने देवदारु के वृक्षों से सुशोभित हिमालय से अनतिदूर इस स्थान का भगवान् शिव के साथ तादात्म्य सर्वविदित है, जिसकी संक्षेप में आगे चर्चा की जायेगी।

प्रसादमण्डनम् नामक प्राचीन पुस्तक में हिमालय के समीप में देवदारु के वृक्षों से परिवेष्टित इस पवित्र स्थान को भगवान् शिव का निवास बताते हुए कहा गया है-

हिमाद्रेरुत्तरे पार्श्वे देवदारुवनं परम्।
पावनं शंकरस्थानं तत्र सर्वे शिवार्चिताः।।

स्कन्दपुराणान्तर्गत मानस-खण्ड के चौथे अध्याय में वर्णित एक रोचक आख्यान इस बात को प्रतिपादित करता है कि जागेश्वर ही भगवान् शिव के पवित्रतम स्थानों में अन्यतम है तथा इसी स्थान से शिव-लिंगों का अन्य स्थानों में विस्तार हुआ था। प्रासंगिक आख्यान इस प्रकार है-

दक्ष प्रजापति द्वारा एक बार अपने भवन में आयोजित विशाल यज्ञ में उनकी पुत्री सती तथा जामाता शिव को जान-बूझ कर आमन्त्रित नहीं किया गया। पति शिव के द्वारा यह कहने के बाबजूद कि आमन्त्रण के अभाव में यज्ञ में सम्मिलित होने के लिए पिता के भवन में जाना उचित नहीं, सती साग्रह पिता के घर में जा पहुँची। वहां अपना तथा अपने पति का असह्य तिरस्कार होता देख कर उसने अपमान-जन्य क्रोध से आविष्ट होकर यज्ञ-कुण्ड की अग्नि में प्रवेश कर आत्मदाह कर दिया। सती के आत्मदाह से विक्षुब्ध होकर शिव तथा उनके गणों ने दक्ष-प्रजापति के यज्ञ का विध्वंस कर डाला। सती के दग्ध शरीर को साथ लिए बहुत समय तक भटकने के बाद तीव्रतम वैराग्य से अभिभूत होकर भगवान् शिव दारुका वन में पहुँचे एवं वहीं रहकर तपस्या करते-करते समाधि में लीन हो गये। इसी रमणीय दारुका वन की तपो-भूमि में उस समय सप्तर्षि गण- कश्यप, वशिष्ठ, विश्वामित्र, भरद्वाज, अत्रि, गौतम तथा जमदग्नि भी अपनी सहधर्मिणियों के साथ साधना कर रहे थे।

एक दिन पूजा के लिए आवश्यक हवन सामग्री को एकत्रित करने के लिए विचरण करती हुई ऋषि-पत्नियों ने अचानक समाधि में लीन शिव को देखा तथा देखते ही वे अपनी सुध-बुध खो बैठी। बहुत समय के बीत जाने पर भी जब वे हवन सामग्री के साथ नहीं लौटी तो सप्तर्षि-गण चिन्ता में पड़ गये। उसी अवस्था में हवन कार्य का सम्पादन किए बिना उन्होंने रात

बितायी। दूसरे दिन सुबह होते ही वे अपनी पत्नियों की खोज में निकल पड़े। खोजते-खोजते ऋषियों ने देखा कि उनकी पत्नियां समाधि में निमग्न शिव को एकटक देखकर आत्म-विभोर हो गयी थी। यह दृश्य उनके लिए असह्य हो गया। एक क्षण के लिए वे विवेकहीन हो गये तथा क्रोधाविष्ट होकर उन्होंने अपनी पत्नियों को व्यभिचार में लिप्त समझ कर समाधि में लीन भगवान् शिव को उनके लिंग-पतन का शाप दे दिया-

येन वै भवता योगिन् अस्माकं हि कुलस्त्रियः।
तस्माल्लिंगस्य पतनं तव भूमौ महेश्वर।।

समाधि से जागृत अवस्था में आते ही भगवान् शंकर को जब ऋषियों द्वारा दिए गये शाप के विषय में पता चला तो कुछ समय के लिए अवाक् से हो गये। दोषी न होने पर उनके अन्याय-पूर्ण वचनों को शिरोधार्य करते हुए प्रत्युत्तर में कहा कि वैर-भाव से भी उनका दर्शन पाकर पुत्र-मित्र-द्रोही जन भी मुक्ति को प्राप्त कर लेते हैं। अतः मन्वन्तर के बाद वैवस्वत मनु के समय पत्नियों के साथ रहने पर भी भोग-रहित होकर मुक्तावस्था में उन सातों ऋषियों को आकाश में तारों के रूप में लटके रहना होगा-

मत्तो मुक्तिं समालभ्य पत्नीभिः सह वै द्विजाः।
भोगहीनोत्तरस्यां हि भवध्वं दिवि तारकाः।।

इसके तत्काल बाद ऋषियों की वाणी को सार्थक करते हुए भगवान् शंकर ने पृथ्वी पर अपना लिंग-पात कर दिया। उनके लिंग के जमीन पर गिरते ही वह पाताल पर्यन्त व्याप्त हो गया। जब पृथ्वी के लिए शिवलिंग का भार असह्य होने लगा तो वेदना-ग्रस्त होकर उसने गाय का रूप धारण किया तथा अपने कष्ट के निवारण की प्रार्थना के साथ वह भगवान् विष्णु के पास पहुँची। शिव के प्रति आभार व्यक्त करते हुए पृथ्वी ने अपनी व्यथा-कथा का भगवान् विष्णु के सामने बखान किया। उसने एक ही स्थान में लिंग के भार को वहन करने में अपनी असमर्थता व्यक्त करते हुए रक्षा की गुहार लगाई।

पृथ्वी के कष्ट का निवारण करने के लिए भगवान् विष्णु ने उस शिव-लिंग के विभाजन का निर्णय लिया तथा ब्रह्मा के साथ मिल कर शिव

की स्तुति की। उनकी स्तुति से प्रसन्न होकर भगवान् शिव ने पृथ्वी के कष्ट की निवृत्ति के लिए विष्णु को अपने सुदर्शन चक्र द्वारा उस लिंग को खण्डों में विभक्त कर नवखण्ड पृथ्वी के भिन्न-भिन्न भागों (हिमाद्रि, मानस, कैलास, केदार, पाताल, काशी, रेवा, ब्रह्मोत्तर तथा नागर) में स्थापित करने का परामर्श दिया। शिव के द्वारा निर्दिष्ट मार्ग का अवलम्बन करते हुए विष्णु ने अपने चक्र के प्रहार से लिंग को टुकड़ों में विभक्त कर नौ खण्डों वाली पृथ्वी के विभिन्न भागों में स्थापित कर दिया। समग्र विश्व में शिव के लिंगों की व्यापकता का सम्भवतः यही रहस्य है।

मानस-खण्ड के 61वे अध्याय में जागेश्वर तीर्थ के माहात्म्य का वर्णन करते हुए कहा गया है कि सरयू नदी के दक्षिण-पार्श्व में स्थित दारुकावन का दर्शन करने से अश्वमेध यज्ञ का फल मिलता है। पुनः इस बात का निर्देश भी किया गया है कि दारुकावन में सदा जागरूक योगीश्वर (जागीश्वर) नागेश या नागेश्वर के रूप में भगवान् शिव विद्यमान हैं, जो कि सभी लिंगों के कारण-रूप हैं। यह कहना पुनरुक्ति होने पर भी आवश्यक है कि जागेश्वर या जागीश्वर ही नागेश्वर का नामान्तर है। वैसे भी दारुकावन के आगे हिमालय की उपत्यकाओं के चारों ओर स्थित पर्वतों में नाग देवताओं-करकोटक नाग, काली नाग, फेणी नाग, वासुकी नाग, धौली नाग, पिंगल नाग, शेषनाग आदि का बाहुल्य है, जिनके अधिपति नागेश या नागेश्वर शिव के अलावा अन्य कोई हो भी कैसे सकता है?

जागेश्वर तीर्थ अल्मोड़ा-पिथौरागढ़ राज-मार्ग में अल्मोड़ा शहर से लगभग 40 किलोमीटर की दूरी में स्थित है। यहां पर छोटे-बड़े 125 पुराने मन्दिर हैं, जिनमें जागेश्वर, मृत्युञ्जय, पुष्टिदेवी, नवदुर्गा, सूर्य, नवग्रह आदि के भव्य मन्दिर सम्मिलित हैं। इन मन्दिरों का सर्व-प्रथम निर्माण कब तथा कैसे हुआ- इसका स्पष्ट प्रमाण नहीं मिलता। प्रचलित मान्यता के अनुसार मन्दिरों का जीर्णोद्धार शालिवाहन के शासन काल में हुआ था। यह भी माना जाता है कि जागेश्वर के मन्दिरों का निर्माण कत्यूरी के चंद्रवंशी राजाओं द्वारा आठवीं से चौदहवीं शताब्दी के मध्य में किया गया था। यहां पर विराजमान ज्योतिर्लिंग की विशेषता यह है कि एक ही लिंग दो भागों में विभक्त है। बड़ा भाग शिव का तथा छोटा वाम भाग पार्वती का माना जाता

है। दूसरे शब्दों में जागेश्वर में स्थित स्वयम्भू ज्योतिर्लिंग भगवान शंकर के अर्द्ध-नारीश्वर स्वरूप को व्यक्त करता है।

भारतीय पुरातत्त्व विभाग द्वारा सन् 1995 में जागेश्वर के मन्दिरों के पास ही एक संग्रहालय की स्थापना की गयी थी। सन् 2002 में इस संग्रहालय का पुनर्विन्यास किया गया है। इस अति सुन्दर संग्रहालय में आठवीं से सोलहवीं शताब्दी के मध्य में निर्मित 160 दुर्लभ मूर्तियाँ रखी गयी हैं। इन मूर्तियों का संकलन जागेश्वर तथा आस-पास के स्थानों से किया गया है। संग्रहालय की नव-निर्मित दीर्घाओं में प्राचीन मूर्तियों का आकर्षक प्रदर्शन किया गया है। संग्रहालय वास्तव में दर्शनीय कलाकृतियों से सुसज्जित आकर्षण का केंद्र बन गया है।

पाताल-भुवनेश्वर

पिथौरागढ़ जनपद में स्थित कैलास-मानसरोवर के पथ में आने वाले प्रथम महत्त्वपूर्ण तीर्थ स्थल का नाम है- 'पाताल-भुवनेश्वर'। एक पौराणिक आख्यान के अनुसार पृथ्वी पर लगातार बारह वर्ष तक अनावृष्टि के कारण जब हाहाकार मचने लगा तो महर्षि भृगु अपने शिष्यों के साथ रेवा के तट से हिमालय की गोद में आ पहुँचे। रास्ते में जब उन्हें पाताल-भुवनेश्वर की महिमा के विषय में पता चला तो उन्होंने उसके पास ही में अपना आश्रम बना लिया। तपश्चर्या में निरत अपने शिष्यों को पाताल-भुवनेश्वर का माहात्म्य समझाते हुए भृगु ऋषि ने उक्त स्थान की पवित्रता, गोपनीयता तथा योग-साधना के लिए उत्कृष्टता का रहस्योद्घाटन किया।

पाताल-भुवनेश्वर की विशाल गुफा का निर्माण कब और कैसे हुआ- यह अद्यावधि रहस्यावृत ही है। स्कन्द पुराणान्तर्गत मानस-खण्ड के अध्याय 103-104 में इस तीर्थ-स्थल का सविशेष वर्णन किया गया है। तदनुसार सरयू तथा राम-गंगा नदियों के बीच में स्थित यह पवित्र तीर्थ दारु पर्वत का अभिन्न अंग है। भगवान् शंकर की आराधना के लिए देवगणों की वासभूमि के रूप में वर्णित यह स्थान वशिष्ठ आदि महर्षियों तथा देवर्षियों द्वारा सेवित है। 33 करोड़ देवताओं, पातालवासी नागों, तथा उनके फणों की दीप-रूपी मणियों से देदीप्यमान होकर भगवान् विष्णु पाताल-भुवनेश्वर में

विराजमान रहते हैं। यहां शेषनाग के द्वारा दिए गये अनेक रत्न आदि प्रचुर मात्रा में विद्यमान हैं-

सरयूरामयोर्मध्ये पातालभुवनेश्वरः।
शेषनागेनदत्तानि रत्नान्यश्वश्च कामग।।

एक पौराणिक मान्यता के अनुसार इस पवित्र स्थान का दर्शन कर श्रद्धालुओं को काशी तथा सेतुबंध रामेश्वर के दर्शन से करोड़ गुना तथा केदार के दर्शन से हजार गुना अधिक फल मिलता है। विद्याधर, गन्धर्व तथा अप्सराओं की प्रशस्ति से तथा सिद्ध, यक्ष, राक्षस, नाग आदि के द्वारा पूजित होकर भगवान् शंकर पाताल मण्डल में विराजमान रहते हैं। यह धरती पर परम पवित्र स्थान है। विहार करने से परिश्रान्त पार्वती द्वारा परिसेवित, ब्रह्मादि देवों द्वारा सपरिवार संपूजित सर्वदा जागरूक पाताल-भुवनेश्वर की अर्चना से प्राप्त होने वाला फल अश्वमेध यज्ञ के करने से प्राप्त होने वाले फल से हजार गुना अधिक होता है।

भौगोलिक दृष्टि से कहा जाए तो पाताल-भुवनेश्वर देवदारु के विशाल वृक्षों से सुशोभित एक रमणीय स्थान है। अल्मोड़ा शहर से इस स्थान की दूरी लगभग 150 किलोमीटर तथा पिथौरागढ़ से प्रायः 70 किलोमीटर है। पाताल-भुवनेश्वर से पहले पड़ने वाले भुवनेश्वर गांव से नीचे उतरने पर वृद्ध-भुवनेश्वर के मंदिर दिखाई देते हैं। विभिन्न देवी-देवताओं के कई मन्दिरों एवं मूर्तियों के साथ-साथ उक्त मन्दिर परिसर में शिव-पार्वती की एक खण्डित मूर्ति भी मिलती है। दक्षिण भाग में स्थित चन्द्रिका देवी के प्राचीन मन्दिर के भीतर अर्द्ध-नारीश्वर के रूप में शिव की प्रतिमा विद्यमान है। पास में ही अष्ट-धातु द्वारा निर्मित अष्टभुजा देवी की मूर्ति है, जो हाथ में गदा, त्रिशूल, भाला तथा खड्ग धारण करती हुई दानवों का संहार करने के लिए तत्पर प्रतीत होती हैं।

भुवनेश्वर के मुख्य मन्दिर का निर्माण 12वीं शताब्दी में चन्द तथा कत्यूरी राजाओं के द्वारा किया गया था। मन्दिर से पाँच किलोमीटर की दूरी में स्थित पाताल-भुवनेश्वर की अलौकिक सी लगने वाली पवित्र गुफा स्थित है, जिसकी विशेषता का शाब्दिक निरूपण असम्भव सा प्रतीत होता है।

पाताल-भुवनेश्वर की गुफा में दिखाई देने वाले प्रस्तर-खण्डों के परीक्षण के बाद कुछ भूगर्भशास्त्रियों का अनुमान है कि उसका निर्माण 5,100 वर्ष पूर्व हुआ होगा। सम्भवतः इस गुफा के बनते समय राम-गंगा पास से ही बहती होगी तथा आस-पास की पहाड़ियों से निकलने वाले झरने उसमें समाविष्ट होते होंगे। समीप में ही बहने वाली भार्गवी नदी आज भी इस तथ्य की पुष्टि करती हुई सी प्रतीत होती है। गुफा के भीतर अनेकानेक पौराणिक आख्यानों को दर्शाने वाले चित्रित संकेत प्राचीन भारतीय सभ्यता तथा संस्कृति के विभिन्न अध्यायों का मानो आखों देखा हाल बखान करती हों।

पाताल-भुवनेश्वर की गुफा में प्रवेश करने के लिए व्यवहृत मुख्य द्वार को धर्म-द्वार के नाम से जाना जाता है। प्रचलित लोकश्रुति के अनुसार प्राचीन काल में गुफा में आवागमन के लिए तीन और द्वार थे जिन्हें विभिन्न युगों या काल-खंण्डों में बंद कर दिया गया। कहा जाता है कि धर्म-द्वार के वाम भाग में स्थित "पाप-द्वार" को रावण के मरणोपरान्त त्रेता युग में बंद कर दिया गया। इसी प्रकार महाभारत के युद्ध के पश्चात् दक्षिण में स्थित "रण-द्वार" बंद हो गया। चतुर्थ मार्ग "मोक्ष-द्वार" सतयुग के समाप्त होते ही बंद हो गया था।

पाताल-भुवनेश्वर की गुफा के भीतर स्थित चट्टानों में रामायण, महाभारत तथा पुराणों में वर्णित अनेकानेक आख्यानों को चित्रित किया गया है। प्राचीन पौराणिक साहित्य के ज्ञाता ही गुफा के भीतर चट्टानों पर चामत्कारिक चित्रणों के रहस्यों को अधिक अच्छी तरह हृदयङ्गम कर सकते हैं, यद्यपि जनसामान्य भी गुफा के आन्तरिक कलात्मक चित्रणों से अप्रभावित नहीं रह सकता। गुफा के द्वार से नीचे उतरते ही विशाल फणों को फैलाए शेषनाग का दर्शन होता है, जिसने सम्पूर्ण पृथ्वी को अपने सिर पर धारण किया हुआ है। आगे बढ़ने पर एक हवन-कुण्ड सामने दिखाई पड़ता है जहां पर जन्मेजय ने तक्षक नाग के संहार के लिए सर्प-यज्ञ किया था। पास में ही वासुकी नाग का भी चित्र दिखाई देता है। कुछ आगे बढ़ने पर मस्तक-विहीन गणेश के दर्शन होते है। समीप में लिंगों के रूप में

बदरीनाथ, केदारनाथ तथा अमरनाथ की उपस्थिति चित्रित की गयी है। गुफा के भीतर चारों धामों के दर्शन होते हैं।

पाताल-भुवनेश्वर की विशाल गुफा में अनेकों छोटी-छोटी गुफाएं भी अन्तर्निहित हैं, जिनमें समर, सुमेरु तथा सुदामा के नाम से जानी जाने वाली तीन गुफाएं अधिक प्रसिद्ध हैं। कहा जाता है कि इन गुफाओं के भीतर रह कर मार्कण्डेय ऋषि तथा अन्य मुनियों ने लम्बे समय तक तपस्या की थी। ऐसी ही एक गुफा के नीचे ब्रह्माजी का कटा हुआ पाँचवां मस्तक देखा जा सकता है, जिसे ब्रह्मकपाली के नाम से पुकारा जाता है। ठीक इसके ऊपर कामधेनु गाय के स्तनों से दूध की धारा बहती दिखाई देती है। यहां पितृ-तर्पण के अलावा अन्य कोई पूजा नहीं की जाती। गुफा के भीतर एक छोटा सा जलकुण्ड है, जिसके जल का सेवन निषिद्ध माना गया है। निकट में स्थित भगवान् शंकर की बड़ी-बड़ी जटाएं दिखाई देती हैं, जो कुछ सफेद तथा कुछ काले रंग की हैं। कहा जाता है कि सफेद जटाओं में भागीरथी नदी समाहित है। जटाओं के पीछे का स्थान तैंतीस कोटि देवताओं के स्नान तथा उनके द्वारा भगवान् शंकर की आराधना के लिए समर्पित है। जटाओं के पास ही में भगीरथ का चित्र बना हुआ है, जिसके सामने शिव के वाहन नन्दी तथा भृंगी विराजमान हैं। कुछ आगे बढ़ने पर अनन्त तारा-गणों के साथ सप्तर्षि-मण्डल तथा आकाश गंगा का दर्शन होता है। समीप में ताम्र-पत्र में शोभायमान शिव-शक्ति स्थापित है, जिसके बीच में ब्रह्मा, विष्णु तथा शिव के रूप में त्रिलिंग दिखाई देते हैं। ऊपर से बहने वाली गंगा के द्वारा इन तीनों लिंगो का अभिषेक होता है। नीचे की दीवार पर तीन मूर्तियां चित्रित की गयी हैं, जिनका ब्रह्मा ,विष्णु तथा शिव के रूप में परिचय दिया जाता है। गुफा के भीतर अनेकों चित्र तथा संकेत हैं, जिनका यहां पर पूरा विवरण देना असम्भव है।

4

यात्रा का वास्तविक समारम्भ

भारत सरकार द्वारा प्रायोजित दिल्ली से प्रारम्भ होने वाली कैलास-मानसरोवर यात्रा प्रथम चरण का समारम्भ प्रातःकाल दिल्ली के गुजरात सदन से होता है। गाजियाबाद में कैलास-मानसरोवर यात्रा से जुड़ी हुई एक स्वयंसेवी संस्था से स्वागत-सत्कार तथा जलपान प्राप्त करने के उपरान्त राष्ट्रीय राजमार्ग द्वारा लगभग 300 किलोमीटर की यात्रा तय कर यात्री-समूह अपराह्न दो बजे के आस-पास कुमाऊं मण्डल विकास निगम की काठगोदाम में स्थित यात्री-विश्राम गृह में पहुंचता है। दिल्ली से काठगोदाम तक कि यात्रा को कम समय में रेल गाड़ी के द्वारा अधिक सहजता के साथ सम्पादित किया जा सकता है। सम्भवतः प्रशासनिक निर्णयों में तार्किकता की खोज करना अर्थहीन अध्यवसाय ही कहा जा सकता है। निर्धारित कार्यक्रम के अनुसार यात्री विश्राम-गृह में मध्यान्ह-भोजन के साथ-साथ यात्रियों का पारम्परिक पद्धति तथा गरम-जोशी से स्वागत किया जाता है, जिसको एक अत्यन्त सुखद अनुभव ही कहा जा सकता है।

कैलास-मानसरोवर की यात्रा सच्चे अर्थ में काठगोदाम के बाद ही प्रारम्भ होती है। प्रथम दिन की यात्रा का अवसान काठगोदाम से 90 किलोमीटर की दूरी में स्थित अल्मोड़ा शहर में होता है। प्राकृतिक तथा सांस्कृतिक परिवेश में परिवर्तन का अब पूरा अनुभव होने लगता है। अल्मोड़ा नगर पूरे कुमाऊं

मण्डल का सांस्कृतिक केन्द्र माना जाता है। इसका भरपूर अनुभव यात्रियों के मनोरंजन के लिए प्रस्तुत स्थानीय संगीत-नृत्यादि के उपभोग द्वारा होता है।

दूसरे दिन की यात्रा बागेश्वर, चौकोड़ी, डीडीहाट, मिर्थी, ओगला, जौंलजीवी आदि दर्शनीय स्थानों का विहगावलोकन कराती हुई काली नदी के किनारे वसे हुए छोटे से नगर धारचूला में समाप्त होती है। यात्रियों को पहाड़ियों, घाटियों, निर्झरों, नदियों आदि का रमणीय दृश्य हिमालय की धड़कनों का अहसास कराने लगता है। अल्मोड़ा जिला मुख्यालय से कुछ ही दूरी में स्थित गोलू देवता का मन्दिर, बागेश्वर में सरयू- गोमती के संगम में सुशोभित जागनाथ मन्दिर, वृक्षाच्छादित चढ़ता-उतरता टेढ़ा-मेढ़ा राजमार्ग, चौकोड़ी से सामने दिखाई देने वाली हिमालय का रमणीय दृश्य आदि यात्रियों को अपनी ओर आकृष्ट करते रहते हैं। स्थानीय लोकसंस्कृति की मनोहारी झलकियां यात्रियों का मनोरंजन करती रहती हैं।

बस द्वारा तय की जाने वाली यह यात्रा रोमांचक तथा आनन्ददायी होने के साथ ही आपातत: थोड़ी सी थकावट को भी देती प्रतीत होती है। विशेष रूप से वरिष्ठ यात्री तथा जिनको उतार-चढ़ाव भरे टेढ़े-मेढ़े पर्वतीय रास्तों पर यात्रा करने का अभ्यास नहीं, कुछ शारीरिक कठिनाई का सामना करते पाये जाते हैं। अन्यथा मार्ग में आने वाला नया-नया प्राकृतिक परिदृश्य अत्यन्त ही मनमोहक तथा रमणीय है। बीच-बीच में हिमालय की झलक, नदियों तथा झरनों का कल-कल ध्वनि से युक्त संगीतमय प्रवाह, पारम्परिक वेशभूषा से युक्त स्थानीय लोगों द्वारा किया जाने वाला स्वागत, बदलती हुई वनस्पतियां आदि यात्रियों को उर्जा का प्रदान करने के साथ उनका उत्साह-वर्धन भी करती रहती हैं। यात्रा-मार्ग में आने वाले मार्ग में हिमालय से निकलने वाली जिन प्रमुख नदियों का दर्शन होता है, उनका नाम हैं- सरयू, रामगंगा, काली एवं गोरी।

धारचूला में रात्रि-यापन करने के बाद, अगले दिन जिस स्थान पर पहुंचने के बाद पैदल यात्रा का आरम्भ होता है उसका नाम है- नारायण स्वामी आश्रम। मोटर-मार्ग द्वारा धारचूला से इस इस आश्रम की दूरी 60 किलोमीटर के करीब है। तवाघाट तक की प्रथम 20 किलोमीटर की दूरी

काली नदी के किनारे-किनारे तथा तदुपरान्त लगभग अगले 6 किलोमीटर की दूरी धौली नदी के किनारे बने संकीर्ण सड़क से तय की जाती है। रास्ते के परिदृश्य, झरने, जल-प्रपात आदि आश्चर्यमय आनन्द का अनुभव कराते हैं। आश्रम में प्रवेश करते ही यात्रियों के हृदय में मानो अनायास ही आध्यात्मिकता का प्रवेश हो जाता है। रास्ते की सारी थकावट अचानक ही गायब हो जाती है। धारचूला से पांगू ग्राम, जिसको चौदास घाटी का केन्द्र भी कहा जाता, होकर नारायण स्वामी आश्रम तक की दूरी मोटर मार्ग द्वारा तय की जाती है। यह कहना वस्तुस्थिति का बखान करना होगा कि अल्मोड़ा से नारायणस्वामी आश्रम तक का रास्ता अत्यन्त ही रोमांचक है, तथा पारिवेशिक विविधताओं से परिपूर्ण भी। नैसर्गिक परिवेश जहां एक तरफ मस्तिष्क में अनवरत जिज्ञासा का संचार करता रहता है, वहीं दूसरी ओर उद्वेलित हृदय को भी आनन्द-मग्न करता रहता है।

नारायण स्वामी, आश्रम तथा उनका अवदान

तवाघाट से आगे सौसा तथा सिरखा नामक दो प्रमुख गाँवों के बीच में स्थित नारायण स्वामी का भव्य आश्रम शरीर में मानो नयी ऊर्जा का संचार ही करा देता है। कैलास-मानसरोवर की यात्रा के मुख्य मार्ग में स्थित यात्रा करने वाले साधु-महात्माओं का मुख्य आश्रय तथा आध्यात्मिक ऊर्जा से ओत-प्रोत 2,590 मीटर (8,500 फीट) की ऊँचाई में सुशोभित यह आश्रम, इसके निर्माता तथा सुदूर सीमान्त में स्थित पिछड़े उपेक्षित गाँवों के विकास के लिए उनके अवदान के विषय में संक्षेप में कुछ प्रकाश डालना प्रासंगिक होगा।

महान् कर्मयोगी परमहंस नारायण स्वामीजी के पूर्व आश्रम के विषय में पर्याप्त जानकारी के न होने पर भी उनके द्वारा किए गये सीमित पत्र-व्यवहार तथा उनके सहकर्मियों द्वारा दी गयी सूचनाओं से पता चलता है कि बाल्यकाल में राघवेन्द्र नाम से परिचित स्वामीजी का जन्म बंगलौर के एक प्रतिष्ठित ब्राह्मण परिवार में हुआ था। शैशवावस्था से ही वैराग्य तथा नारायण भक्ति में अतिशय अनुरक्ति के कारण वे उच्च शिक्षा ग्रहण करने के पश्चात् विभिन्न तीर्थ स्थानों का भ्रमण तथा साधु-महात्माओं का सत्संग

करते हुए हिमालय के कन्दराओं की तरफ आकृष्ट हो गये। स्वामीजी के अनुयायियों का एक वर्ग ईसवी वर्ष 1906 को उनका जन्म तथा दूसरा वर्ग 1914 को उनके जन्म-वर्ष के रूप में स्वीकार करता है। महात्माओं की पहचान एवं महत्ता उनके जन्म-स्थान तथा आयु से नहीं होती- उक्ति के मूर्तिमान् स्वरूप, नारायण रस में सर्वदा निमग्न रहने वाले लम्बे कद, गौर वर्ण तथा देदीप्यमान ललाट वाले स्वामीजी के आकर्षक व्यक्तित्व की सन् 1934-35 में जब सार्वजनिक चर्चा होने लगी थी, उस समय वे लगभग 25-26 वर्ष के रहे होंगे।

यह सुविदित है कि ब्रिटिश शासन-काल में आदिम जन-जाति बहुल क्षेत्रों में विकास कार्यों की जान-बूझ कर उपेक्षा की जाती थी। अकाल तथा अन्य आपदाओं की स्थिति में सामाजिक कल्याण तथा सेवा के नाम पर ईसाई संगठनों (Christian Missionaries) को उन उपेक्षित पिछड़े स्थानों में भेज दिया जाता था, जिनका वस्तुतः मुख्य उद्देश्य होता था तथाकथित सहायता के बदले में नितान्त सरल स्वभाव के आदिम जन-जाति के लोगों का धर्मान्तरण। ब्रिटिश शासन द्वारा चलायी गयी यह प्रक्रिया आवागमन की सुविधा से रहित हिमालय के आस-पास के भागों में सुदूर उत्तर से उत्तर-पूर्व तक तथा मध्य-भारत के आदिवासी बहुल क्षेत्रों में बिना हलचल के चलती रही। उन दिनों कैलास-मानसरोवर यात्रा के मार्ग में आने वाले गाँवों में शिक्षा, स्वास्थ्य-सुविधाओं तथा आवागमन के साधनों का नितान्त अभाव था। सिरखा गाँव में क्रिश्चियन मिसनरी द्वारा सुविधाओं से युक्त एक स्वास्थ्य केंद्र स्थापित किया गया था तथा वहां पर उपलब्ध स्वास्थ्य-सुविधाएं प्रायः धर्मान्तरण के साधन के रूप में व्यवहृत होती थी।

ऐसी परिस्थिति में भक्ति रसावतार नारायण स्वामी ने सीमान्त क्षेत्र के सुदूरवर्ती गाँवों में घूम-घूम कर नाम-संकीर्तनों तथा संबोधनों के द्वारा लोगों में एकता, सांस्कृतिक चेतना आदि का प्रचार तथा प्रसार किया। प्रमुख गाँवों में स्कूल, छात्रावास, स्वास्थ्य तथा औषधि वितरण केंद्रों की स्थापना कर अत्यल्प समय में ही स्वामीजी घर-घर एवं गाँव-गाँव में लोकप्रिय हो गये। आज भी लोग उनके अवदान को अत्यंत आदर के साथ याद करते हैं। भारत के जन-जाति बहुल उत्तरीय सीमान्त क्षेत्रों में स्थित गाँवों में सनातन

धर्म की स्वामीजी द्वारा प्रचारित तथा स्थानीय लोगों द्वारा सहर्ष अपनायी सांस्कृतिक चेतना का शायद ही अन्यत्र कोई दृष्टान्त मिले।

परम-पूज्य नारायण स्वामी द्वारा सन् 1935 में रामानन्द स्वामी नामक अन्य एक आत्मस्थ सन्त के साथ द्रोणगिरि से चलकर समुचित साधनों के न रहने पर भी कैलास-मानसरोवर की यात्रा की थी। कहा जाता है कि इस कठिन यात्रा से उनका शरीर दुर्बल हो गया था। यात्रा से लौटने के बाद गर्व्यांग तथा आस-पास के गाँवों के लोगों ने स्वामीजी की सेवा की थी। निरीह ग्रामवासियों के व्यवहार तथा उनकी सामाजिक स्थिति से द्रवित होकर उन्होंने भी सीमान्त गाँवों के लोगों के पथ-प्रदर्शन के लिए सर्वस्व अर्पण कर दिया था। स्थानीय लोगों तथा कैलास-मानसरोवर की यात्रा के लिए जाने वाले साधु-महात्माओं की परेशानियों को यथा-सम्भव कम करने के लिए स्वामीजी ने उस क्षेत्र को ही अपनी कर्म-भूमि के रूप में अपना लिया। काली गंगा के तट पर चौंदास घाटी में ही एक आश्रम बनाने का उन्होंने संकल्प ले लिया। उस समय अल्मोड़ा शहर से आगे मोटर मार्ग का निर्माण भी आरम्भ नहीं हुआ था। उन दिनों सुदूर सीमा पर स्थित गाँवों में आधुनिक भवन निर्माण कला तथा निर्माण सामग्री के विषय में जानकारी का पूर्णरूपेण अभाव था।

फरवरी-मार्च 1936 में अपने गुरुभाई स्वामी रामानन्द तथा सन्यासिनी रूमा देवी के साथ मिलकर धारचूला से लगभग 60 किलोमीटर दूर सौसा गाँव में स्वामीजी द्वारा आश्रम के रूप में एक झोपड़ी के निर्माण कार्य का आरम्भ किया गया। कुछ समय पश्चात् इस स्थान के अधिक अनुकूल न होने के कारण स्थानीय लोगों के सहयोग से आश्रम का निर्माण कुलौक नामक गाँव में स्थानान्तरित कर दिया गया।

मार्च 26, 1936 के दिन 2,590 मीटर (8,500 फीट) की ऊँचाई में स्थित नारायण आश्रम का शिलान्यास हुआ था। उस अवसर पर आस-पास के ग्राम-वासियों ने बड़े ही हर्षोल्लास के साथ भजन-कीर्तन करते हुए शिलान्यास के समारोह में बढ़-चढ़ कर भाग लिया था। लकड़ी तथा घास से बने आश्रम तथा आवासीय परिसर में एक अग्निकाण्ड द्वारा हुई क्षति का

स्थायी प्रतीकार करने के लिए सन् 1939 में आश्रम के लिए पक्के भवन के निर्माण की योजना बनाई गयी। यातायात, धन, निर्माण-सामग्री, कुशल कारीगर आदि के उपलब्ध न होने पर भी आश्रम के लिए नये भवन का निर्माण-कार्य आरम्भ हो गया, जिसमें स्थानीय तथा काली नदी के उस पार नेपाल में स्थित समीपस्थ गाँवों के लोगों ने हर्षोल्लास के साथ बढ़-चढ़ कर भाग लिया।

यह स्वामीजी की तपस्या तथा लोकसेवा का प्रभाव है कि चौंदास तथा व्यांस घाटी के गाँवों में रहने वाले लोग भारत की प्राचीन सांस्कृतिक धरोहर से ओत-प्रोत होकर हर पर्व एवं समारोह में नारायण भजन-संकीर्तन द्वारा आनन्द की प्राप्ति करते रहते हैं। ढालू तथा वृक्ष-विहीन गोचर भूमि में स्थित आश्रम से सुदूर पूर्व में एक तरफ हिमालय पर्वत की हिमाच्छादित श्रृंखलाएं दिखाई देती हैं; दूसरी तरफ तीन किलोमीटर नीचे भारत-नेपाल की सीमा को परिभाषित करती हुई काली नदी का चमकता हुआ तथा तीव्रगति से बहता जलप्रवाह। आश्रम की पश्चिम दिशा में जून से अक्टूबर महीने तक हरा-भरा तथा उसके बाद हिमाच्छादित रहने वाला छिपला केदार तथा फैली हुई धवल हिममयी पंचचुली पर्वत मालाएं दर्शकों के मन को अभिभूत करती हैं। नैसर्गिक सौन्दर्य से भरपूर इस आश्रम में सूर्योदय की अपूर्व छटा नारायण स्वामी को समाधि में लीन कराकर मानो प्रकृति के साथ एकाकार कर देती थी।

आश्रम स्थापित करने के प्रारम्भिक दिनों में गुरु-भाई स्वामी रामानन्द के साथ नारायण स्वामी इस एकान्त तथा निर्जन स्थान पर रहा करते थे। कालान्तर में कैलास-मानसरोवर के यात्रियों के आवागमन से आश्रम की सक्रियता बढ़ती गयी। आज भी आध्यात्मिक ऊर्जा से ओत-प्रोत यह आश्रम कैलास-मानसरोवर के यात्रियों को बलात् अपनी तरफ आकृष्ट करने वाले सुरम्य परिवेश के साथ ही साथ लम्बे समय तक उपेक्षित सीमावर्ती गाँवों में स्वामीजी द्वारा किए गये कार्यों की यादें ताजा करता है। कैलास-मानसरोवर की यात्रा पर जाने वाले साधु-महात्मा तथा पर्यटक गण इस आश्रम में कुछ समय बिताकर प्रसाद ग्रहण करने के अनन्तर नयी ऊर्जा का अनुभव करते हुए यात्रा के अगले पड़ाव की ओर बढ़ते हैं।

आश्रम में आगन्तुकों के आवास की व्यवस्था धीरे-धीरे बढ़ने लगी। साधकों तथा सामान्य लोगों का आना-जाना भी बढ़ता गया। नारायण स्वामी गाँव-गाँव जाकर भजन-संकीर्तन तथा कहाँनियों के माध्यम से लोगों को संगठित कर संस्कृति तथा शिक्षा के प्रचार-प्रसार के साथ रूढ़ि-ग्रस्त समाज में प्रचलित अन्ध-विश्वासों के निवारण की दिशा में अधिकाधिक सक्रिय होते गये। इस दिशा में उनको वहां की जनता का पूरा समर्थन तथा विश्वास प्राप्त हुआ। छोटे-छोटे गीतों तथा चुटकुलों के द्वारा वे सदाचार-शिक्षा को फैलाने की दिशा में सतत प्रयास करते रहे, जिसका प्रभाव आज भी देखा जा सकता है। सुदूर गावों में शिक्षा-स्वास्थ्य की मूल-भूत सुविधाओं के अभाव को देखते हुए उन्होंने अनेक स्कूल, छात्रावास तथा स्वास्थ्य केन्द्र स्थापित किए, जिनमें प्रमुख हैं- 1. बापू महाविद्यालय, नारायण नगर; 2. अपर प्राइमरी स्कूल, ज़यकोट; 3. श्रीनारायण हरिजन पाठशाला, छलियाछियासो; 4. जूनियर हाईस्कूल, पांगू; 5. शास्ता मेडिकल होम, सोसा; 6. तपोवन ट्रैवलिंग डिस्पैंसरी; 7. आर्य-समाज अनाथाश्रम विद्यालय; 8. संस्कृत पाठशाला, कमेड़ी देवी; 9. क्रिश्चियन स्कूल, बागेश्वर; 10. छात्रावास, काण्डा स्कूल; 11: जूनियर हाई स्कूल, देवलथल; 12. नन्दा देवी अपर प्राइमरी स्कूल, जाड़ापानी; 13. बदरीनाथ धर्मशाला; तथा 14. एक्स रे सुविधाएं, चिकित्सालय, पिथौरागढ़। सोसा पेय जल योजना के माध्यम से स्वामीजी ने आश्रम के आस-पास में स्थित गाँवों में पेय-जल को उपलब्ध कराया।

अगस्त 1946 में स्वामीजी के कर-कमलों के द्वारा नव-निर्मित आश्रम के मन्दिर में विष्णु-नारायण की दिव्य मूर्ति को स्थापित कर उसमें प्राण-प्रतिष्ठा की गयी। विष्णु-नारायण की मूर्ति तथा सिंहासन के सामने काले पत्थर की दो सुन्दर मूर्तियाँ रख दी गयी जो अस्कोट के रजवार ने स्वामीजी को समर्पित की थी। इससे पहले ये दोनों मूर्तियाँ अस्कोट की गर्जिया घाटी के घने जंगलों में स्थित दारती के मन्दिर में विराजमान रहा करती थी। समयानुसार आश्रम के परिसर का विस्तार तथा संस्कार होता गया। अपनी आध्यात्मिक ऊर्जा तथा जीवन्तता का प्रदर्शन कराता हुआ यह आश्रम आज भी स्वामीजी द्वारा सनातन धर्म-संस्कृति के प्रचार तथा

सामाजिक विकास कार्यों में उनके अवदान का अविस्मरणीय स्मारक बना हुआ है।

भक्ति रसावतार एवं कर्म-योग के मूर्तिमान् स्वरूप नारायण स्वामी परम विरक्त होने पर भी निःस्वार्थ लोक-सेवा को आध्यात्मिकता तथा ईश्वर सेवा के रूप में देखते थे। अचानक एक दिन जुलाई 1954 में वे चुप-चाप आश्रम छोड़कर निकल पड़े। उनका स्वास्थ्य बिगड़ने लगा था, जिसकी वे किसी से चर्चा नहीं करते थे। कैंसर रोग से ग्रस्त होने पर भी चिकित्सकों को उनकी बीमारी का आभास न हो पाया था। स्वामीजी अपना शारीरिक कष्ट अपने आप तक ही सीमित रखते थे। आश्रम से निकलते समय उन्होंने अपने वर्तमान शरीर में पुनः उस आश्रम में लौटने की सम्भावना से इन्कार कर दिया था। आश्रम-वासियों को अचानक एक दिन सूचना मिली कि 9 नवम्बर, 1956 के दिन उनका कलकत्ता के एक निजी चिकित्सालय में महा-प्रयाण हो गया है। माना जाता है कि वर्षों पूर्व हिमालय में भ्रमण करते समय भावाविष्ट नारायण स्वामी फिसल कर 30-40 फीट गहरी खाई में गिर पड़े थे। उनके दोनों जाघों के बीच एक लकड़ी का टुकड़ा घुस गया था। स्वामीजी इलाज कराने के लिए बाहर नहीं गये तथा उस क्षेत्र में स्वास्थ्य-सुविधाओं का नितान्त अभाव रहा। शरीर के अन्दर बढ़ते उस घाव ने कैंसर का रूप धारण कर लिया एवं वही अन्त में उनके शरीर-त्याग का निमित्त कारण बन गया। वस्तुतः नारायण-भक्ति तथा जनहित में किए गये कार्यों ने उन्हें सदा के लिए अमर बना दिया। उनके द्वारा बनवाया गया नारायण आश्रम पूरी भव्यता तथा अलौकिकता के साथ अनन्त काल तक उनके गुणों का गायन करता रहेगा। उनके द्वारा किए गये उन्नयनमूलक तथा सांस्कृतिक चेतना को मुखरित करने वाले कार्य लम्बे समय तक याद किए जाते रहेंगे।

चौदास तथा व्यास घाटियाँ

धारचूला से लिपूलेक तक की यात्रा सच्चे अर्थों में असाधारण तथा जोखिम से भरी जान पड़ती है। उतार-चढ़ाव वाले संकीर्ण पर्वतीय पथ, गरजती हुई काली नदी के आपाततः भयभीत करने वाले स्वर, परिदृश्यमान विभिन्न

वनस्पतियों से सुशोभित छोटे-बड़े पर्वत एवं घाटियाँ, वनस्पति-विहीन हिमालय, गर्व्यांग नामक जमीन के नीचे धँसता हुआ गाँव, मचलते हुए अनेकों निर्झर एवं जल-प्रपात आदि के माध्यमों से प्रकृति नटी आश्चर्य-चकित करने वाले अपने भिन्न-भिन्न स्वरूपों का प्रदर्शन करती हुई मानो इस आशय का अहसास कराती है कि उसके प्रति अन्तर्मन से श्रद्धा-भाव रखते हुए यदि यात्री अग्रसर होता रहे तो उसके सुन्दरतम स्वरूप का आनन्द लेते हुए सहजता के साथ गन्तव्य स्थल पर पहुँचने में कोई कठिनाई नहीं होती। वस्तुतः काली तथा गोरी नदी के संगम-स्थल जौंलजीबी, जहां से यात्रा का दूसरा पड़ाव धारचूला लगभग 30 किलोमीटर की की दूरी में स्थित है, से आगे का मार्ग अन्यन्त ही रोमांचक तथा रमणीय है। धारचूला से आगे तवाघाट पर मचलती हुई धौली नदी का गरजती हुई काली नदी में समावेश अलौकिक सौन्दर्य को उपस्थापित करता है। इसके बाद धौली नदी के बांयी तरफ से आगे बढ़ता हुआ रास्ता चौदास तथा व्यास घाटियों की ओर अग्रसर होता है, जिसका कैलास-मानसरोवर के यात्रियों को अवलम्बन करना पड़ता है।

धारचूला से लगभग 20 किलोमीटर की दूरी में स्थित तवाघाट के बाद अगले लगभग 6 किलोमीटर का कञ्चोटी या चिरकला तक का रास्ता धौली नदी के किनारे-किनारे होकर जाता है तथा काली नदी आँखों से ओझल हो जाती है। तवाघाट से 22 किलोमीटर दूर काली तथा धौली नदियों के तीव्र प्रवाह से उत्पन्न शब्दों से गुञ्जायमान वातावरण से रहित पांगू इस क्षेत्र का सबसे बड़ा गाँव है, जो चौदास घाटी का केंद्र तथा व्यास घाटी का प्रवेश-द्वार माना जाता है। पांगू के पश्चिम में छिपलाकोट तथा पूर्व में नेपाल के पर्वत दिखाई देते हैं। पाँगू से नारायण स्वामी आश्रम जिसकी पूर्व पृष्ठों में चर्चा की जा चुकी है, की दूरी लगभग 15 किलोमीटर की है।

धारचूला से नारायण स्वामी आश्रम तक की 60 किलोमीटर की दूरी मोटर यान द्वारा तय करने के बाद यात्रा का अगला चरण प्रदूषण-रहित पैदल मार्ग के द्वारा सम्पादित किया जाता है। अत्यन्त संकीर्ण तथा आपाततः कठिन प्रतीत होने पर भी चलने समय आँखों को अविस्मरणीय आनन्द देने वाली प्राकृतिक सुन्दरता तथा बदलते परिदृश्य मानो आगामी कठिनतर मार्ग

तथा सुन्दरतर प्राकृतिक छटा का परिचय कराने के लिए उत्सुक रहते हैं। कुछ समय के लिए नारायण आश्रम के अलौकिक से प्रतीत होने वाले शान्त एवं सौन्दर्यमय वातावरण का उपभोग करने के पश्चात् यात्रा का अगला चरण घोड़े में सवारी के विकल्प के साथ आरम्भ होता है।

तवाघाट से आगे की अगले प्रायः डेढ़-दो दिन की यात्रा के दौरान काली नदी आँखों से ओझल रहती है, यद्यपि नारायण-स्वामी आश्रम से तीन किलोमीटर की दूरी पर इसका एक मनोहारी विहगम दृश्य सामने आता है। इस आश्रम से 6 किलोमीटर दूर 2,560 मीटर (8,400 फीट) की ऊँचाई में स्थित सिरखा गाँव में रात्रि-यापन करने के बाद अगले दिन की उतार-चढ़ाव से भरी 16 किलोमीटर की यात्रा का अवसान जिस पड़ाव पर होता है, उस गाँव का नाम है- गाला।

सिरखा से 3,048 मीटर (10,000 फीट) की ऊँचाई पर स्थित रंगलिंग शिखर (Rungling Top) तक की लगभग 6 किलोमीटर का मार्ग कष्ट-साध्य लगता है, किन्तु इससे घबराने की आवश्यकता नहीं। रास्ते के चारों ओर के रमणीय परिदृश्य, वनस्पतियाँ तथा भोले-भाले ग्राम-वासी थकावट का अनुभव नहीं होने देते।

इसके लगभग पाँच किलोमीटर की दूरी में सिम्थोला गांव को पार कर अगले लगभग पाँच किलोमीटर के बाद 2,440 मीटर (7,680 फीट) की ऊँचाई में स्थित गाला गाँव का अगला पड़ाव आता है। पैदल मार्ग के चारों तरफ का दृश्य बहुत ही रमणीय है। हिमाच्छादित पर्वत शिखर, झरने, जल-प्रपात तथा विभिन्न प्रकार के वन्य प्राणी तथा वनस्पतियाँ मन को मोहित करने के साथ ही यात्रियों के ज्ञान का भी वर्धन करती रहती हैं।

गाला गाँव के निर्दिष्ट पड़ाव पर यात्रि यापन करने के बाद कैलास-मानसरोवर की यात्रा सचमुच में एक रोमाञ्चक दौर से गुजरने लगती है। गाला से प्रायः तीन किलोमीटर चलने के बाद जिप्ती या विन्दला कोटी से काली नदी के दर्शन होने लगते हैं। किन्तु उसके बाँये तट पर पहुँचने के लिए 4,444 सीढ़ियाँ उतरकर लगभग ढ़ाई किलोमीटर की लखनपुर तक की दूरी अत्यन्त ही सावधानी से पार करनी पड़ती है।

इसके बाद तीव्र वेग से गरज कर बहती हुई काली नदी के बाँये किनारे के समानान्तर आगे बढ़ता हुआ संकुचित मार्ग और भी अधिक सावधानी की अपेक्षा रखता है। क्षणिक असावधानता या सामान्य सा चित्त-विक्षेप भयंकर अज्ञात विपत्ति का कारण बन सकता है। सीढ़ियों से उतरने के बाद काली नदी के उद्‌गम स्थल माना जाने वाले कालापानी तक की अगली दूरी अधिकांशतः नदी के किनारे-किनारे बने संकुचित मार्ग के माध्यम से ही तय की जाती है। प्रचण्ड शब्दों तथा आघातों से विशाल पत्थरों तथा अपने दोनों तरफ के चट्टानों एवं पहाड़ों को आन्दोलित सी करती हुई काली नदी के उस पार का भूभाग नेपाल राष्ट्र के अंतर्गत आता है। अतुलनीय प्राकृतिक छटाओं से भरपूर परिवेश के बीच बहती हुई काली नदी के किनारे बने हुए पैदल मार्ग में छोटे-बड़े झरने एवं जल-प्रपात यात्रियों का अपनी तरफ अनायास ही ध्यान आकृष्ट करते रहते हैं। यात्रियों को चाहिए कि वे काली के गर्जन से भयभीत हुए बिना प्रकृति के साथ श्रद्धा तथा तादात्म्य भाव बनाकर धीरे-धीरे आगे बढ़ते रहें तथा परिवेश की पवित्रता को किसी भी रूप में प्रदूषित या क्षति-ग्रस्त करने से यत्न-पूर्वक बचें। पथ पर चलते हुए अपूर्व आनन्द की अनिर्वचनीय अनुभूति का यही एक मात्र अव्यक्त माध्यम है। इसी रास्ते पर स्थित "मालपा" नामक गाँव में रात्रि के घनघोर अन्धकार में बादलों के अचानक फटने से हुई भयंकर वर्षा तथा भूस्खलन के कारण कैलास-मानसरोवर यात्रियों का एक सम्पूर्ण समूह सन् 1998 में काली नदी के गर्भ में सदा के लिए समा गया था। वास्तव में प्रखर-वेग वाली काली नदी का आपाततः आक्रामक तथा विकराल प्रतीत होने वाला चट्टानों एवं बड़े-बड़े प्रस्तर खण्डों को तोड़ता-मरोड़ता हुआ अजस्र प्रवाह प्रकृति के एक अन्य रूप को प्रकट करता हुआ यह संदेश देता सा जान पड़ता है कि उसके साथ किसी भी तरह की ज्यादती का चिन्तन या प्रयास भयावह परिणाम का कारण बन सकता है। यह स्वाभाविक ही है कि निसर्ग में सृष्टिकर्ता के स्वरूप का अनुभव करने वाले श्रद्धा से समन्वित तीर्थ-यात्रा में जाने वाले साधु-महात्माओं को जहां प्रकृति के प्रतीयमान विकराल रूप में अलौकिक आनन्द का अनुभव होता है, वहीं पर-छिद्रान्वेषण में तत्पर कलुषित अंतःकरण वाले लोग प्रकृति के नित्य-नूतन, निष्पाप तथा मनोहर रूप पर आशंकित तथा आतंकित हो सकते हैं।

चियालेक के आगे का अद्भुत दृश्य

जमीन में धंसता हुआ गर्ब्यांग गांव

कालापानी से लिपुलेक

गुंजी कालापानी, काली मन्दिर तथा व्यास गुफा

शेषनाग पर्वत तथा कालापानी से नाभीडांग का रास्ता

ओम् पर्वत

बर्फ की चादर ओढ़े लिपुलेक

बर्फ के पिघलने के बाद लिपुलेक

लिपुलेक के उस पार (तिब्बतीय भूभाग) प्रतीक्षा-रत वाहन

करने के लिए होड़ लगा रहे हों। चियालेक पहुँचने के बाद कुछ समय के लिए काली नदी फिर आँखों से ओझल हो जाती है। सामने दीखता है एक विशाल मैदान या बुग्याल।

चियालेक के मैदानी भाग को पार करने के बाद अगले सात किलोमीटर का मार्ग आपेक्षिक रूप से सहज होने पर भी ऊबड़-खाबड़ एवं फिसलन भरा रहता है। पानी बरसने पर यात्रियों को कुछ अधिक सावधानी रखनी आवश्यक है। प्रकृति की आत्म-विभोर करने वाली जो छटा चारों ओर से दिखायी देती है, उसकी केवल कल्पना भर की जा सकती है।

सात किलोमीटर की दूरी तय करने के बाद रास्ते पर पड़ने वाला अगला बड़ा गाँव है- गर्व्यांग। सौका नामक जनजाति वाले इस गाँव के निवासियों को गर्वियाल की उपाधि से सम्बोधित किया जाता है। यह गाँव पुराने जमाने से ही कैलास-मानसरोवर के मार्ग में एक मुख्य पड़ाव तथा तिब्बत के साथ होने वाले व्यापार का भारतीय सीमा में स्थित मुख्य केंद्र रहा है। गर्व्यांग में पहुँचते ही गाँव में स्थित मकानों के साथ-साथ आस-पास में स्थित भूखण्डों के निरन्तर जमीन के भीतर धँसने का अनुभव होने लगता है। गाँव के नीचे से प्रवाहित होती हुई काली नदी अपने तट के आस-पास की भूमि को काटती रहती है। किंतु किसी प्रकार के आसन्न प्राकृतिक प्रकोप से सौका जन-जाति के गर्व्यांग-वासी प्रभावित होते नहीं दिखाई पड़ते। शीत ऋतु में हिमपात होने पर ग्रामवासी धारचूला तथा उसके आस-पास के गाँवों में रहने के लिए चले जाते हैं।

गर्व्यांग के बाद लगभग पाँच किलोमीटर की दूरी में आने वाला अगला गाँव है- नपल्च्यू, जिसके कुछ ही दूरी पर व्यास घाटी का सीमान्त में स्थित है अन्तिम अध्युसित ग्राम- गुंजी। यहां के निवासी सौका जाति के जनजातीय लोगों को गुंजियाल की उपाधि से जाना जाता है। लिम्पिया धुरा से निकलने वाली आदि कैलास की तरफ से आने वाली कुट्टी नदी गुंजी तथा नपल्च्यू के बीच में काली नदी से मिलती है। गुंजी से 400 मीटर की दूरी में कुट्टी तथा काली के संगम से डेढ़ किलोमीटर दूर नपल्च्यू गाँव के जनजातीय लोगों को नपल्च्याल नाम से पुकारा जाता है। गुंजी में यात्रियों

को दो दिन बिताने का अवसर मिलता है, जिसके दो कारण हैं। पहला कारण यह कि अगला गन्तव्य बहुत अधिक ऊंचाई में स्थित होने के कारण दो दिन के विश्राम से शारीरिक क्षमता में अनुकूलता आ जाती है। दूसरा कारण है- यात्रियों का अन्तिम बार स्वास्थ्य-परीक्षण, जिसे आइ.टी. बी.पी. के डाक्टरों द्वारा किया जाता है। अनुकूल स्वास्थ्य के न रहने पर, कुछ यात्री अगली यात्रा से वंचित रह जाते हैं। गुंजी पहुंचने पर यात्रियों का भव्य स्वागत किया जाता है। स्थानीय लोकनृत्य तथा लोकगीतों की धुन में यात्रियों के पांव अपने आप ही थिरकने लगते हैं।

काली नदी में मिलने से पहली कुट्टी नदी का आकार काली से बड़ा प्रतीत होता है। यही कारण है कि गुंजी से आगे काली का स्वरूप दुर्बलतर होता जाता है। गुंजी के बाद प्राकृतिक परिवेश में होते हुए परिवर्तन का अधिकाधिक अनुभव होने लगता है। काली के कलरव में कमी होने के साथ ही साथ उसका कलेवर भी सूक्ष्मतर होता जाता है। पेड़-पौधों की संख्या में कमी, आकार में भिन्नता तथा पत्थर के चट्टानों से भरे पर्वतों की वनस्पति-विहीनता निसर्ग को एक दूसरे ही रूप में प्रदर्शित करती है।

3,160 मीटर की ऊँचाई में स्थित गुंजी से काली का उद्‌गम माने जाने वाले 3,570 मीटर की ऊँचाई पर स्थित कालापानी स्थान की दूरी 10 किलोमीटर है। नदी को पार करते ही कालापानी नामक इस स्थान पर काली देवी का एक आधुनिक भव्य मन्दिर विद्यमान है। मन्दिर के पास में स्थित एक विशाल पत्थर के मूल से निकलने वाले पानी के स्रोत को काली का उद्‌गम कहा जाता है।

उत्तर-पूर्व में सामने चमकते हुए विशाल चट्टानों के बने पर्वत के बीच में "व्यास गुफा" का थोड़ी दूर से ही दर्शन होता है, क्योंकि उस ऊँचे अगम्य स्थान पर स्थित गुफा के पास पहुँचना सम्भव नहीं हो पाता। मन्दिर की दूसरी तरफ थोड़ा आगे बढ़ते ही शेषनाग पर्वत के भव्य दर्शन होते हैं।

बुधी, गर्ब्यांग, गुंजी, नपल्च्यू, नावी, रागकाँग तथा कुटी- ये सात गाँव व्यांस घाटी के अन्तर्गत आते हैं। त्रिकालदर्शी महर्षि वेदव्यास की तपस्थली में स्थित इन गाँवों में उनके निवास, खान-पान तथा व्यवहार में लायी गयी

वनस्पतियों को लेकर अनेकों किंवदन्तियाँ तथा मान्यताएं प्रचलित हैं। एक मान्यता के अनुसार गुंजी से आदि कैलास की ओर जाने के मार्ग में स्थित कुटी गाँव में पाण्डवों ने अज्ञात-वास के समय प्रवास किया था। यह भी माना जाता है कि पाण्डवों की माता कुन्ती के नाम से ही इस गाँव का नाम प्रसिद्ध हो गया, जो कालान्तर में स्थानीय उच्चारण के प्रभाव से "कुटी" नाम से जाना जाने लगा। आस-पास की पर्वत श्रृंखलाएं आज भी कुन्ती पर्वत, पाण्डव पर्वत आदि नामों से जानी जाती हैं। यह भी कहा जाता है कि कुटी गाँव में "पाण्डव किला" के अवशेष आज भी विद्यमान हैं।

व्यास घाटी के गाँवों में रहने वाले जनजातीय समुदाय के लोग प्रतिवर्ष भाद्रपद के महीने के शुक्ल-पक्ष में देव-पूजन तथा उत्सवों का पालन करते हैं। विभिन्न प्रजातियों की वनस्पतियों तथा फूलों के खिलने पर व्यास-घाटी कई स्थानों पर रमणीय उपवन का रूप धारण कर लेती है। कुटी गाँव के निवासी बड़े ही धूम-धाम से प्रतिवर्ष कुन्ती महोत्सव का पालन करते हैं। गुंजी गाँव के वासिन्दे प्रत्येक बारह बरस में नेपाल के "जुमला शासन" पर अपनी विजय के उपलक्ष्य में विजय दिवस पर्व का पालन करते हैं। बहुत ही सरल प्रकृति के सौका जनजाति के लोगों के बीच में रहकर स्वर्गीय नारायण स्वामी ने व्यास-घाटी में स्थित गाँवों के लोगों को संगठित कर उनके बीच सांस्कृतिक तथा धार्मिक चेतना का संचार करने के साथ ही साथ शिक्षा के प्रसार एवं पारम्परिक कुरीतियों, अन्धविश्वासों आदि के निवारण की दिशा में काम किया था, जिसको वहां के लोग कृतज्ञतापूर्वक आज भी स्मरण करते हैं। स्वामीजी द्वारा दी गयी सदाचार-शिक्षा का ही परिणाम है कि आज भी यहां के निवासी विभिन्न अवसरों पर भजन-कीर्तनों का आयोजन कर स्वामीजी के प्रति मानो भक्ति-भाव प्रदर्शित करते हैं।

स्थानीय विश्वास तथा किम्वदन्तियाँ बताती हैं कि महर्षि वेदव्यास ने व्यास-घाटी में रहकर चारों वेदों का सम्पादन, महाभारत, अट्ठारह पुराण, ब्रह्म-सूत्र आदि का प्रणयन किया था। इस योगदान को याद रखने के लिए उनके सम्मान में चियालेक के मैदान में एक मन्दिर बनाया गया है। गुंजी गाँव में भी उनकी पुण्य-स्मृति में बनाए गये मन्दिर में प्रतिवर्ष अगस्त के महीने में एक मेले का आयोजन होता है। कालापानी नामक स्थान पर स्थित

काली देवी के मन्दिर के सामने चट्टानों के बीच में बनी हुई उनकी प्राकृतिक गुफा का दर्शन करने के लिए व्यास-घाटी के लोग नियमित आया-जाया करते हैं। अतीत में व्यास-घाटी में स्थित गाँवों के माध्यम से तिब्बत के साथ व्यापार होता था। अनेक प्रकार की दुर्लभ औषधियाँ, भोजपत्र आदि विशेष प्रकार की वनस्पतियाँ, प्राकृतिक जल-प्रपात,चारों तरफ फैली दर्शनीय पर्वत मालाएं व्यास-घाटी की शोभा में चार-चाँद लगा देती हैं।

काली का उद्गम एवं लिपुलेक

जैसा कि उल्लेख किया जा चुका है, कालापानी के काली मन्दिर के पास जमीन के भीतर से निकलने वाले जल-स्रोत को कई लोग काली नदी का उद्भव स्थल मानते है। किन्तु, भौगोलिक साक्ष्य तथा पौराणिक विवरणों के अनुशीलन से स्पष्ट हो जाता है कि वास्तव में लिपुलेक ही काली का प्रादुर्भाव-स्थल है। स्कंदपुराण के मानस खण्ड में काली नदी के उत्पत्ति, माहात्म्य आदि का सविशेष वर्णन मिलता है। उक्त पुस्तक के 116वे अध्याय में काली की महत्ता का वर्णन करते हुए एक आख्यान आया है जिसके अनुसार एक बार सूत, जैमिनि, शुकदेव तथा कुछ अन्य ऋषियों को महर्षि वेदव्यास के साथ कुबेर ने हिमालय में यज्ञ का सम्पादन करने के लिए बुलाया था। जब ऋषिगण कुबेर के निमंत्रण को स्वीकार कर यज्ञ में भाग लेने के लिए हिम-मण्डित तथा अनेक धातुओं से संकुलित लिपि पर्वत पर पहुँचे तो वहां उन्होंने शिखर के दक्षिण में निर्मित यज्ञ-स्थल पर कुबेर को बैठे हुए देखा। ऋषि-गणों को आते देख कुबेर ने अपने आसन से उठकर श्रद्धा के साथ उनका सम्मान किया:

दक्षिणे शिखराणां वै आसीने लिपिपर्वते।
तत्र सम्पूजिता सर्वे धनदेवमहात्मना।।

लिपि पर्वत के पश्चिम में एक दिव्य आश्रम का निर्माण कराया गया तथा वहां पर महर्षि वेदव्यास को आसीन किया गया। उसके बाद यज्ञ के सुचारु सम्पादन के लिए नदी को प्रवाहित करने के लिए प्रार्थना की गयी। कुबेर की प्रार्थना को स्वीकार कर महर्षि वेदव्यास ने स्वर्ग-लोक में स्थित

मन्दाकिनी गंगा का आह्वान किया। उनके आह्वान से मन्दाकिनी स्वर्ग से निकल कर हिमालय में समाधि लगाये भोलेनाथ के सिर पर उतर आयीं। महाकाल ने क्रोधित होकर कुछ समय तक अपनी जटाओं में उलझाने के बाद गंगा को बाहर निकाला। वही सत्य-वाहिनी गंगा महादेव के क्रोध के कारण वर्ण परिवर्तित कर श्यामा या काली नदी के नाम से विख्यात हो गयी–

महाकालस्य शिरसि पपात मुनिसेविता
महाकालस्य रोषेण श्यामा मन्दाकिनी ह्यभूत्।।

इसके बाद कुबेर ने उसका जल स्पर्श कर बाजपेय यज्ञ का सम्पादन किया। वेदव्यास द्वारा आहूत काली या श्यामा के पवित्र जल में आगे चलकर सरयू नदी का समावेश होता है। उस संगम-स्थल पर स्नान, तर्पणादि करने से गंगा स्नान की तुलना में द्विगुणित फल प्राप्त होता है।

मानस-खण्ड के अध्याय 117-121 में वर्णित विवरणों के अनुसार श्यामा नदी में होतृ-तीर्थ है। इसके दक्षिण में चतुर्दंष्ट्र (चौदास) पर्वत है। उसके बाद यूप तीर्थ है। श्यामा के जल में स्नान कर कृत्तिकाओं ने कार्तिकेय को प्राप्त किया था। हिमालय से निकल कर एक अन्य नदी-गलन्ती (गोरी) श्यामा में मिलती है। गलन्ती तथा श्यामा के मध्य में स्थित हिमाच्छादित तुहिनाचल में हंसेश्वर शिव विराजमान हैं। श्यामा के मध्य तटवर्ती हंसतीर्थ में स्नान कर महेंद्रादि देवों से सेवित क्षेत्राधिपति हंसेश्वर की पूजा-अर्चना करने से शिव-लोक की प्राप्ति होती है।

अध्याय 121 में महादेव के पांच शिरों, अर्थात् पंचचुली पर्वत श्रृंखला को गोरी का मूल स्रोत बताया गया है। कहा गया है कि तुहिनाचल के नितम्ब का भेदन कर देवी पार्वती की इच्छानुसार बहती हुई गोरी का श्यामा के साथ संगम होता है। अध्याय 123 से लेकर अध्याय 132 तक कैलास-मानसरोवर के मार्ग में आने वाली काली तथा उसमें अपने अस्तित्व को विसर्जित करने वाली अनेकों छोटी-मोटी नदियों का विशद वर्णन मिलता है। मानस-खण्ड में वर्णित उन नदियों तथा निर्झरों के उल्लिखित नामों से वर्तमान समय में उन नदियों तथा उनके पुराण में निर्दिष्ट

उद्‌गम-स्थलों के नामादि सम्भवतः बदल गये हों। कल्पना-प्रसूत अतिशयोक्तिपूर्ण पौराणिक आख्यानों के शाब्दिक अर्थों को पूर्णरूपेण प्रामाणिक मान लेना भी कदाचित् पौराणिक परम्परा के अनुरूप नहीं माना जाता है। इस पर अधिक विस्तार गवेषणा का विषय-वस्तु है।

काला पानी के बाद 8 किलोमीटर की दूरी में 4,246 मीटर की ऊँचाई पर कैलास-मानसरोवर यात्रा पथ पर भारत के सीमा के भीतर का अन्तिम पड़ाव पड़ता है, जिसका नाम है- नावीधांग। कालापानी से लिपुलेक तक के मार्ग को भारतीय सीमा के भीतर पड़ने वाले कैलास-मानसरोवर यात्रा का कठिनतम चरण कहा जा सकता है। 3,160 मीटर की ऊँचाई में स्थित गुंजी से कालापानी (3,570 मीटर) होते हुए 4,260 मीटर की ऊँचाई में स्थित नाविधांग तक की 19 किलोमीटर की दूरी, विशेषतः कालापानी से आगे का 9 किलोमीटर लम्बा पैदल मार्ग तय करते समय प्रकृति के अनवरत परिवर्तित होते हुए स्वरूप का साक्षात्कार होता है।

कालापानी से आगे ज्यों ही चढ़ाई का आरम्भ होता है, हरी-भरी वनस्पतियों का क्रमशः तिरोधान होता जाता है। कालापानी यदि अपने नैसर्गिक दिव्य सौन्दर्य, प्राकृतिक जल-स्रोत (जिसे कुछ लोग काली नदी का उद्‌गम भी कहते हैं), तप्त-कुण्ड, व्यास-गुफा, काली मन्दिर आदि के कारण प्रसिद्धि को प्राप्त करता है तो 4,260 मीटर की ऊँचाई में विद्यमान हरे-भरे पेड़ों तथा झाड़ियों से रहित नावीधांग आश्चर्य-चकित कराने वाले ओम् (ॐ) पर्वत का साक्षात्कार कराता है।

सामने सुशोभित हिमाच्छादित पर्वत-शिखर पर बर्फ द्वारा लिखित ॐ शब्द मानो परमतत्त्व की ओर इंगित करता हुआ कह रहा हो कि निर्गुण, निराकार तथा निर्विकार सच्चिदानन्द ब्रह्म का दृश्यमान् रूप ही स्थूल इंद्रियों द्वारा प्रत्यक्षीकृत बाह्य जगत् है। अतएव परमेश्वर की तरह ही उसके बाह्य रूप में भी सदैव श्रद्धाभाव रखना चाहिए।

इस बात का उल्लेख किया जा चुका है कि भारतीय सीमान्त के पूर्वोत्तर में प्रवाहित होने वाली काली नदी भारत तथा नेपाल की भौगोलिक सीमा को परिभाषित करती है। नेपाल में इस नदी को महाकाली नाम से

अभिहित किया जाता है। काली के किनारे निर्मित पथ का अवलम्बन करते हुए प्रकृति के मार्मिक स्वरूप का आनन्द लेते हुए जब आस्था तथा श्रद्धा से समन्वित यात्री भारतीय सीमा के भीतर स्थित अपने अन्तिम पड़ाव नावीधांग में पहुँच कर ॐ अक्षर अंकित सामने विराजमान हिमाच्छादित पर्वत शिखर को देखता है तो अचेतन में चेतन की इस अभिव्यक्ति का अनुभव करने मात्र से उसकी बहुत कठिन समझे जानी वाली चढ़ाई से प्राप्त हुई क्लान्ति अचानक ही शून्य में विलीन सी हो जाती है। इस रहस्य को हृदयंगम करने में उसे फिर किसी प्रकार का यत्न नहीं करना पड़ता कि हिमालय को देवतात्मा क्यों कहा गया है। न ही उसे इस बात में विश्वास करने के लिए युक्तियों तथा प्रमाणों की आवश्यकता पड़ती है कि क्यों परमतत्त्व के साक्षात्कार के लिए विरक्त साधु–महात्माओं को हिमालय की कन्दराओं के प्रति अनुरक्ति होती थी।

नावीधांग में रात्रि के कुछ प्रहर यापन करने के बाद प्रातःकाल ब्राह्म मुहूर्त से पहले ही लिपुलेक की 7 किलोमीटर की चढ़ाई शुरु हो जाती है। इस दूरी का अधिकांश हिस्सा रात्रि के अंधकार में ही तय करना पड़ता है। चढ़ाई सचमुच ही बहुत कठिन है। नावीधांग से 5,335 मीटर की ऊँचाई में स्थित लिपुलेक तक का आधा मार्ग यात्रा के प्रारम्भिक दिनों में प्रायः हिमाच्छादित पाया जाता है। सूर्योदय के समय लिपुलेक पहुँचते ही भारतीय सीमा के भीतर होने वाली कैलास–मानसरोवर यात्रा का अन्तिम चरण समाप्त हो जाता है। सात किलोमीटर की दूरी को तय करने में चार से पाँच घण्टे का समय लग जाता है। सूर्योदय के समय यात्री लिपुलेक के हिमाच्छादित शिखर पर पदार्पण करते ही प्रकृति के जिस विशुद्ध स्वरूप का दिव्य–दर्शन करता है, उसे मात्र अनुभवगम्य ही कहा जा सकता है। कालापानी से आगे सूक्ष्म से सूक्ष्मतर होती जा रही काली की आहट या कलकलाहट अब नहीं सुनाई देती। नदी लिपुलेक की गोद में अन्तर्धान हो जाती है।

बरफ की चादर ओढ़े लिपुलेक का गिरिद्वार प्राचीन काल से ही उस पार स्थित तिब्बत के व्यापारिक केंद्र तकलाकोट के साथ व्यापार का मुख्य मार्ग रहा है। कहा जाता है कि कश्मीर के महाराजा गुलाब सिंह के बहादुर

एवं साहसी सेनापति जोरावर सिंह के मारे जाने के उपरान्त तिब्बत की पुरांग घाटी से उसके पराजित सैनिक लिपुलेक के गिरिद्वार से ही भागकर अस्कोट आये थे। गवेषकों, सामान्य यात्रियों तथा साधु-महात्माओं द्वारा अधिकांशतः भारतीय कैलास-मानसरोवर की यात्रा इसी मार्ग से की जाती थी।

5

सीमा-पार तिब्बतीय मार्ग में मुख्य स्थान

भारत-तिब्बत सीमा पर स्थित लिपुलेक के प्रवेश-द्वार को पार कर कैलास-मानसरोवर की अगली यात्रा अपेक्षाकृत सहज है। लिपुलेक की चोटी से 5-6 किलोमीटर नीचे उतरने के बाद उस पार तिब्बत से कैलास की परिक्रमा से पहले तक की यात्रा बस द्वारा तय की जाती है। लिपुलेक से तकलाकोट तक की 19 किलोमीटर की यात्रा में से लगभग 13-14 किलोमीटर की दूरी बस द्वारा सम्पादित होती है। प्रातः काल हिमाच्छादित लिपुलेक की ऊँचाई का अतिक्रम करते ही प्रायः वनस्पति-विहीन तिब्बत की धरा पर पदार्पण होने के बाद एक अलग ही प्रकार का अनुभव होने लगता है। तिब्बत की पुरांग घाटी में स्थित तकलाकोट एवं आस-पास के मुख्य स्थलों का संक्षेप में यहां उल्लेख करना अप्रासंगिक न होगा।

तकलाकोट

लगभग 3,940 मीटर (12,930 फीट) की ऊँचाई में बसा तकलाकोट शहर आधुनिक सुख-सुविधाओं से युक्त तिब्बत का एक प्रमुख व्यावसायिक केंद्र है। यहां पर तिब्बत/चीन, नेपाल तथा भारत के सीमान्त क्षेत्रों के छोटे-छोटे व्यवसायी देखे जा सकते हैं। भारतीय सीमा के समीप में होने कारण चीन के लिए यह स्थान सामरिक दृष्टि से बहुत ही महत्त्वपूर्ण है। सेना की छावनी होने के कारण काफी संख्या में चीनी सैनिक मंडराते रहते हैं।

चीन के अंग के रूप में स्वीकृत स्वायत्त तिब्बत क्षेत्र के सुविधा-सम्पन्न शहर तकलाकोट में रात्रि का यापन करना भौतिक दृष्टि से एक सुखद अनुभव कहा जा सकता है। इसके बाद कैलास की पैदल परिक्रमा आरम्भ होने से पहले तक का मार्ग एक आराम-दायक बस के द्वारा तय किए जाने पर भी कुछ पारिस्थितिक कठिनाइयों का सामना करना पड़ता है, जिसका भारत की सीमा रेखा के भीतर अनुमान भी नहीं हो पाता। भारतीय सीमा के भीतर अनुभव होने वाली आत्मीयता सीमा के उस पार जैसे अचानक रूखे व्यवहार में बदल जाती है।

भारत-नेपाल की सीमा के समीप में स्थित तकलाकोट का विगत कुछ वर्षों में कायाकल्प सा हो गया है। नये आधुनिक भवनों के निर्माण, चौड़ी सड़कें, हर तरह की आधुनिक सुविधाएं आदि को देखने से तिब्बत के अधिकांश स्थानों में पायी जाने वाले पिछड़ेपन तथा दरिद्रता का आभास होना मुश्किल सा प्रतीत होता है। भारतीय सीमा के पास होने से यहां पर बड़े-बड़े सैन्य प्रतिष्ठानों का होना स्वाभाविक ही है, जिसका अहसास होने में देर नहीं लगती।

तकलाकोट शहर जौञ्ज्या-छु नामक एक छोटी नदी के दोनों तरफ वसा हुआ है। यद्यपि तिब्बत के अधिकांश हिस्से में हरियाली तथा पेड़-पौधों की उपस्थिति नहीं के बराबर दिखाई देती है, तथापि समुद्र तल से लगभग 4000 मीटर की ऊँचाई में विद्यमान तकलाकोट के पास से होकर प्रवाहित होने वाली करनाली नदी से निकाले गये नहरों द्वारा सिञ्चित होने के कारण पुरांग घाटी का यह क्षेत्र लह-लहाते हरे-भरे खेतों से सजा-धजा प्रतीत होता है। पिछले कुछ वर्षों में किए गये वृक्षारोपण के द्वारा तकलाकोट तथा उसके आस-पास कुछ विशेष प्रजाति के पेड़-पौधे भी दृष्टि-गोचर होते हैं।

करनाली नदी के दक्षिण भाग में चट्टानों को काट कर बनायी गयी गोम्पाओं में तिब्बतीय बौद्ध भिक्षुओं की उपस्थिति को देखा जा सकता है। वस्तुतः पुरांग घाटी के इस क्षेत्र में स्थित आस-पास के गाँवों में रहने वाले लोगों की वेश-भूषा तथा रहन-सहन से यह स्पष्ट आभास होने लगता है

कि प्राचीन परम्पराओं से गहरा सम्बन्ध रखने वाले रूढ़ियों से नियंत्रित तिब्बत के इस भाग में तीव्र गति से आधुनिकता का प्रवेश हो रहा है।

तकलाकोट में चीन के मुख्य भाग से आये हुए लोग उपलब्ध महत्त्वपूर्ण संसाधनों को नियन्त्रित करते देखे जा सकते हैं। बड़े-बड़े भवनों तथा व्यावसायिक सम्पत्तियों पर अधिकांशतः उन्हीं लोगों का नियंत्रण दिखाई देता है। नेपाल के नागरिक भी काफी संख्या में छोटी-मोटी व्यावसायिक संस्थाओं में काम करते पाये जाते हैं। अनौपचारिक रूप में भारत तथा नेपाल की मुद्राओं को दुकानदार लोग स्वीकार करने में अधिक संकोच नहीं करते।

तोयो तथा जोरावर सिंह स्मारक

तकलाकोट से लगभग 5-6 किलोमीटर की दूरी पर स्थित तोयो गाँव पुरांग घाटी के समृद्धतम गांवों में अन्यतम माना जाता है। इस गाँव का ऐतिहासिक महत्त्व इसलिए भी है कि सन् 1841 में तिब्बत पर आधिपत्य स्थापित करने के बाद कश्मीर के राजा गुलाब सिंह के सैनिक अधिकारी जनरल जोरावर सिंह को इस गाँव में अचानक ही पराजय का सामना करना पड़ा था। कश्मीर से लेह के रास्ते तिब्बत में प्रवेश कर रास्ते में आने वाले किलों, गोम्पाओं तथा गांवों पर विजय प्राप्त करते हुए करते हुए जोरावर सिंह ने तीर्थपुरी में अपना मुख्यालय स्थापित किया था।

अपने साथ लाये 1,500 सैनिकों को साहस के साथ संगठित कर उसने बरखा (परखा) के पास 10,000 सैनिकों वाली तिब्बत की सेना को परास्त कर तकलाकोट की तरफ कूच किया था। अपनी सेना को अपने अधीनस्थ अन्य एक अधिकारी कैप्टन वस्ती राम के पास छोड़कर जनरल जोरावर सिंह मुट्ठी भर सैनिकों को लेकर अपनी पत्नी को छोड़ने के लिए गारटोक (Gartok) गया। लौटते समय तोयो नामक स्थान में चीन की सहायता से तिब्बत की एक बड़ी सेना ने उसके ऊपर अचानक आक्रमण कर दिया। जोरावर सिंह को इस आक्रमण का पूर्वाभास भी न था। उसने बहादुरी के साथ शत्रु-सेना का मुकाबला किया। तिब्बत के लोगों को उसके शौर्य से

भयभीत होकर यह विश्वास हो चुका था कि जोरावर सिंह एक अलौकिक तान्त्रिक शक्ति से सम्पन्न योद्धा है तथा सामान्य गोलियों से उसके शरीर का भेदन नहीं किया जा सकता है। अत: सोने की गोलियों का प्रयोग कर उसे मारा गया। बाद में उसके शरीर के टुकड़े-टुकड़े कर दिए गये।

जोरावर सिंह की वीर-गति को प्राप्त करने के बाद उसकी बहादुरी का सम्मान करते हुए अन्तिम संस्कार के रूप में एक समाधि या स्मारक बनाया गया। उसके अंडकोश तथा शरीर के मांस के कुछ हिस्से को सिम्बुलिंग गोम्पा में रखा गया। उस बहादुर सैनिक अधिकारी के एक हाथ को निकट में स्थित शाक्य गोम्पा में संरक्षित बताया जाता है। कुछ अन्य गोम्पाओं में जोरावर सिंह के कबच, शस्त्र आदि को विजय के प्रतीक (Trophies) के रूप में सुरक्षित रखा गया है। यह सम्भवत: संसार के सामरिक इतिहास का अनूठा उदाहरण होगा जहां पराजित शत्रु के सम्मान में उसके द्वारा आक्रान्त देश में एक स्मारक बनाया गया है। चीन में हुई सांस्कृतिक क्रान्ति के दौरान जोरावर सिंह की स्मृति में बने स्मारक को ध्वस्त कर दिया गया। कैलास-मानसरोवर की यात्रा के अन्तिम चरण में (लौटते समय) यात्रियों को वर्तमान समय में तोयो गाँव में जोरावर सिंह के केवल ध्वस्त स्मारक का ही दर्शन हो पाता है।

खोजरनाथ

तकलाकोट से लगभग 18 किलोमीटर की दूरी पर करनाली नदी के तट पर विद्यमान खोजरनाथ की सुप्रसिद्ध गोम्पा एक भव्य तथा दर्शनीय स्थल है। पुरांग क्षेत्र में करनाली के बांये भाग में निर्मित इस गोम्पा को हिन्दू मान्यताओं के कुछ अनुगामी "खेचरी तीर्थ' के नाम से भी पुकारते हैं। दसवीं शताब्दी के उत्तरार्द्ध (ईसवी वर्ष 980 या 982) में भारतीय उपमहाद्वीप (वर्तमान बंगला देश में स्थित ढाका के पास के गाँव) में पैदा हुए महान् बौद्ध दार्शनिक दीपांकर श्रीज्ञान ने सन् 1,034 में यहां आकर सम्पूर्ण वर्षा-ऋतु के समय का यापन किया था। तिब्बत के तीर्थ-यात्री प्रति वर्ष हर महीने इस पवित्र स्थान का दर्शन करते पाये जाते हैं।

तिब्बत के पश्चिमी भाग में स्थित खोजरनाथ एक दिलचस्प बौद्ध-विहार है। इस पवित्र गोम्पा के विषय में खोचर करचाक (Khochar Karchhak) में वर्णित तथा स्वामी प्रणवानन्द महाराज द्वारा अपनी पुस्तक "Kailas-Manasarovar" में उद्धृत एक रोचक कथानक इस प्रकार है-

एक बार भारत से आये हुए सात ज्ञानी सन्त चाँदी से भरे सात थैलों को लेकर कारडुंग पहुँचे। उन्होंने उन थैलों को वहां के स्थानीय राजा जाम्बयांग थाकपा (Jamb-Yang Thakpa) को यह कह कर समर्पित किया कि सात साल के बाद वे अपनी धरोहर को वापस लेने के लिए आयेंगे। नौ वर्षों के बीत जाने पर भी जब वे सातों आचार्य नहीं लौटे तो उस शासक ने सातों थैलों में भरी चाँदी का सम्पूर्ण भण्डार आज्ञाधर्मा नाम के नेपाली तथा वनकुल्ला नामक मुस्लिम मूर्तिकारों को देकर भगवान् की प्रतिमाओं को बनाने का निर्देश दिया। आदेशानुसार दोनों ही मूर्तिकारों ने जब सात थैलों में भरे हुए चाँदी को पिघलाया तो अचानक ही उससे जाम्बयांग की मूर्ति प्रकट हो गयी।

करनाली के किनारे जहां पर खोजर गोम्पा विद्यमान है, उस समय एक लामा अपने शिष्य के साथ निवास कर रहे थे। लामा का शिष्य रात के समय जब नदी से पानी लाने के लिए जाता तो उसे नदी के किनारे बालू पर एक प्रकाश-पुञ्ज दिखाई देता था। दिन के समय प्रकाशित होने वाली कोई भी वस्तु वहां पर दृष्टिगोचर नहीं होती थी। एक दिन लामा गुरु ने अपने शिष्य को उस स्थान पर पत्थरों का ढेर लगाने का निर्देश दिया। गुरु की आज्ञा का पालन करते हुए शिष्य ने ठीक वैसा ही किया। दूसरे दिन प्रातःकाल यह देखकर शिष्य के आश्चर्य की सीमा न रही कि उसके द्वारा एकत्रित छोटे-छोटे पत्थर एक विशाल चट्टान का रूप धारण कर चुके हैं। उसके आश्चर्य का रहस्योद्घाटन करते हुए लामा ने बताया कि वह प्रकाश-पुञ्ज वास्तव में जाम्बयांग की आत्मा थी।

जाम्बयांग की स्वयम्भू मूर्ति के विषय में सुनकर कारडुंग के राजा ने आदेश दिया कि पिघलाये हुए चाँदी से अपने आप बनी उस मूर्ति को उनके पास लाकर एक मन्दिर में स्थापित किया जाय। तदनुसार दोनों मूर्तिकारों

द्वारा पिघलायी हुई चाँदी से प्रकट हुई उस मूर्ति को दो घोड़ों से बने रथ पर स्थापित कर जब कारडुंग की ओर ले जाया जा रहा था तो छोटे-छोटे पत्थरों के समूह से बने उस गोल चट्टान के पास पहुँचते ही जाम्बयांग की आत्मा ने रथ पर सवार उस मूर्ति में प्रवेश कर लिया तथा अपने आप उस चट्टान के ऊपर स्थापित हो गयी। चाँदी की मूर्ति में प्रविष्ट जाम्बयांग के मुख से शब्द निकले-"खार-छक" (Khar-Chhak), जिसका अर्थ है "मैं यहां आ गया हूँ तथा यहीं पर रहूँगा"। चाँदी के पिघलाये ढेर से प्रकटित जाम्बयांग की मूर्ति के मुख से निकले ये प्रथम शब्द थे।

इसके बाद राजा के द्वारा उपर्युक्त स्थान पर मूर्ति को स्थापित करने के लिए एक भव्य गोम्पा का निर्माण कराया गया। जब राजा उस मूर्ति की प्राण-प्रतिष्ठा करने के लिए सिंहासन या मञ्च का आधार बनाने के विषय में विचार कर रहे थे तो चाँदी की उस स्वयम्भू मूर्ति के मुख से आवाज निकली- "अगले सात दिनों तक गोम्पा के भीतर मनुष्य, पशु-पक्षी, कीट-पतंग, किसी का भी प्रवेश न हो"। इस वाणी का अनुसरण करते हुए गोम्पा के दरवाजे चारों तरफ से बन्द कर दिए गये। किन्तु जब पाँचवे दिन मूर्ति के संरक्षक सहायक पुजारी को इस बात की चिन्ता होने लगी कि मन्दिर के भीतर जलाए गये दीप कहीं बुझ तो नहीं गये हैं, तो उसने दरवाजा खोलकर भीतर झाँकने की कोशिश की। उसने देखा कि सिंहासन के निर्माण में निरत कारीगर ने अचानक ही मूर्ति के भीतर प्रवेश कर लिया। परिणामतः सिंहासन के निर्माण का काम आधा ही रह गया। कालान्तर में बिश्वकर्मा ने छाग्ना दोरजे (Chhagna Dorje) तथा चेनरेसिंग (Chenresing) की दो अन्य चाँदी की मूर्तियाँ बनाकर वहां स्थापित की जो आज भी विद्यमान हैं।

जाम्बयांग की उक्त मूर्ति के मुख से तीसरी बार आवाज आयी- "अगर माप्छु (Map-Chhu) यानि करनाली नदी का जल-स्तर बढ़कर गोम्पा के पास आ जाए और मैं पानी के भीतर समा जाऊँ तो जेचुन डोमा (Jechun Doma) यानि तारा की मूर्ति का मुख नदी की तरफ करना। यदि कोई नदी के किनारे तटबन्ध निर्माण करे तो उसके 500 वर्षों तक किये गये पापों का विनाश हो जायेगा। यदि कोई पवित्र हृदय से नदी के तटबन्ध के लिए एक

छोटे से छोटा पत्थर- भले ही वह अंगूठे की परिमाण वाला ही क्यों न हो, रखेगा तो उसके एक जन्म में किए गये समस्त पापों का प्रक्षालन हो जायेगा"।

एक बार कुछ सैनिकों ने गोम्पा में प्रवेश किया। उनमें से एक सैनिक ने जब मूर्ति की एक जाँघ पर चाकू से प्रहार किया तो वहां से दूध की धारा बहने लगी। तब चौथी बार मूर्ति के मुख से शब्द निकले- "अरे ओ महापापी!"। इस आवाज को सुनते ही सारे सैनिक बाहर भाग आये। जिस सैनिक ने चाकू चलाकर मूर्ति की जाँघ पर प्रहार किया था, वह खून की उल्टी करते हुए दरवाजे के पास ही मृत्यु के मुख में समा गया।

तिब्बत के दक्षिणी क्षेत्र के राजा की दो रानियाँ थी। किन्तु किसी एक से भी राजा को पुत्र-रत्न की प्राप्ति न हो सकी थी। पुत्र-प्राप्ति के लिए राजा ने यहां आकर जब पूजा-अर्चना की तो मूर्ति प्रसन्न होकर पाँचवी बार बोली- "रानियो! पास आकर तीन बार साष्टांग दण्डवत् प्रणाम करो, तुम्हें तीन पुत्रों की प्राप्ति होगी"। मूर्ति से निकली वाणी का पालन करते हुए उन रानियों ने साष्टांग दण्डवत् प्रणाम किया तथा कालान्तर में उन्हें तीन पुत्र-रत्नों की प्राप्ति हो गयी।

चांग-न्यूम् (Chang Nyum) नाम के एक महान् लामा के आने पर चाँदी की स्वतः निर्मित जाम्बयांग की मूर्ति के मुख से छठी बार शब्द निकले- "मेरे पीठ से कागज के पक्षियों को हटा दो, जिन्हें कुछ काले जादूगरों ने लगाया है"। स्थानीय विश्वास के अनुसार काला जादूगर कागज में किसी पक्षी का चित्र बनाकर घर की दीवार में लगा देता है। तन्त्र-मन्त्रों की शक्ति के अनुसार 7, 9 या 21 वर्षों के बाद कागज के बने उस पक्षी में प्राणों का संचार होता है तथा वह उड़ जाता है। इसके तुरन्त बाद वहां रहने वाला व्यक्ति या मूर्ति का टुकड़ों में बिखराव हो जाता है। काले जादूगरों द्वारा अभिमन्त्रित कागज के एक फूल को जाम्बयांग की मूर्ति के पीछे लगाया गया था। लामा चांग न्यूम् ने कागज से बने उस पक्षी की प्रतिमा को जाम्बयांग की मूर्ति के पीछे से हठाया तथा फड़फड़ाते हुए कागज के उस पक्षी को चिमटे से पकड़ कर आग में फेंक दिया।

जब लामा क्यां-गुन-जिंग्वा नुर्बु (Kyangun-Zingba Nurbu) ने वर्तमान समय में स्थित गुसुल (Gussul) गोम्पा का निर्माण कराया था तो जाम्बयांग की मूर्ति के मुख से सातवीं बार शब्द निकले थे- "मेरे हाथ में जो फूल था, उसे कोई सैनिक लेकर चला गया। यदि हाथ में नया फूल फिर से रख दो तो अच्छा होगा"। मूर्ति के मुख से निकले आदेश का पालन करते हुए लामा ने मध्य में वैदुर्य मणि (Cat's eye) से सुशोभित सोने-चाँदी से निर्मित फूल को मूर्ति के रिक्त हस्त में स्थापित कर दिया। मूर्ति के सामने रखे सोने से निर्मित दीपक को भी खोजर आये हुए इसी लामा ने उपहार के रूप में समर्पित किया था। तिब्बतीय लोगों का विश्वास है कि जाम्बयांग की चाँदी से अपने आप प्रकट हुई यह मूर्ति फिर 6 बार बोलेगी तथा उसके बाद ही संसार को एक नयी सृष्टि की प्राप्ति होगी।

गोम्पा के जिस विशाल कक्ष में जाम्बयांग की मूर्ति विराजमान है, उसमें तीन महा-बोधिसत्त्वों की चाँदी द्वारा निर्मित मूर्तियाँ भी स्थापित की गयी हैं। ये पाँच फीट ऊँची मूर्तियाँ सिंहासन पर कलापूर्ण ढंग से सजाकर रखी गयी हैं। मूर्तियों को कमल के फूलों के आसन पर रखा गया है। सिंहासन तथा कमल के फूल अष्ट-धातुओं से बनाए गये हैं। बीच में रखी गयी जाम्बयांग की मूर्ति (मंजुघोष) आठ फीट ऊँची है तथा उसका चेहरा पीले रंग का है। इस मूर्ति के दायीं तरफ चेनरेसिंग (अवलोकितेश्वर) की तथा वायीं तरफ छाग्ना दोरजे (वज्रपाणि) की सात फीट ऊँची मूर्तियां सुशोभित हैं। अज्ञान-वश इन तीनों मूर्तियों को हिन्दू धर्म में आस्था रखने वाले कुछ लोग राम, लक्ष्मण तथा सीता के रूप में ग्रहण करते हैं। यह बात ध्यान देने योग्य है कि तीनों ही मूर्तियाँ पुरुष देवताओं की हैं। उक्त मूर्तियों के दोनों तरफ क्रमशः 6-6 मूर्तियाँ रखी गयी हैं। प्रत्येक मूर्ति की ऊँचाई 5 फीट है। आलमारियों में रखी गयी इन मूर्तियों में से आठ प्रतिमाएं नेवे-से-ग्ये (Neve-Se-Gye) तीन खोचर (Khochar) की तथा एक खासर पाणि (Khasar Pani) की हैं।

उपर्युक्त मूर्तियाँ तथा सिंहासन नेपाली मूर्तिकारों द्वारा दक्षिण भारतीय शैली में बनायी गयी हैं। सन् 1899 में भीषण अग्नि-काण्ड के कारण खोजरनाथ की जाम्बयांग के वाँये तरफ रखी गयी अवलोकितेश्वर तथा

वज्रपाणि की मूर्तियाँ क्षति-ग्रस्त हो गयीं। कुछ वर्षों बाद तिब्बतीय मूर्तिकारों द्वारा उनका पुनर्निमाण किया गया। अन्य एक मान्यता के अनुसार सिंहासन पर स्थापित तीनों ही मूर्तियाँ श्रीलंका से लायी हुई हैं।

मूर्तियों के सामने सोने से निर्मित कई प्याले रखे गये हैं। गोम्पा के प्रवेश-द्वार पर दो आठ फीट ऊँची भयभीत कर देने वाली विशाल मूर्तियाँ रखी गयी हैं। वाँयीं तरफ की मूर्ति तामदिन (Tamdin) की है जिसे अवलोकितेश्वर का उग्र या भयंकर रूप माना जाता है। दाँये तरफ लगी हुई मूर्ति छाग्दोर (Chhagdor) की है जो अमिताभ बुद्ध का भयभीत-कारी स्वरूप है। मूर्तियों से सुशोभित मुख्य कक्ष में प्रवेश करते ही गोम्पा की सुरक्षा करने वाले चार देवताओं की चार फीट ऊँची मूर्तियाँ दिखाई देती हैं। मुख्य मूर्तियों के दोनों तरफ संरक्षक देवताओं को स्थान दिया गया है।

खोजरनाथ गोम्पा के दूसरे भवन में भी एक बड़ा सा कमरा बना हुआ है। इस विशाल कक्ष में नामडोंग नामक रहस्यात्मक नृत्यों तथा वार्षिक सामाजिक भोज का आयोजन किया जाता है। कमरे में एक ओर तिब्बत के जंगली याक तथा दूसरी तरफ भारतीय वाघ के भूसे से भरे हुए शरीर लटकाए गये हैं। भवन के विभिन्न कक्षों में मैत्रेय (Chhamba), महाकाल तथा महाकाली आदि की प्रतिमाएं लगाई गई हैं। बैठी हुई मुद्रा में बनाई गई मैत्रेय की मूर्ति 22 फीट ऊँची है। विशालकाय होने के कारण कई भारतीय यात्री इस प्रतिमा को मध्यम पाण्डव भीमसेन की समझ बैठते हैं। भवन में स्थित गौतम बुद्ध, मैत्रेय बुद्ध, काश्यप बुद्ध, अमिताभ बुद्ध आदि की प्रतिमाओं को कुछ भारतीय यात्री अगस्त्य आदि सप्तर्षि मण्डल के रूप में भी देखते हैं। इसी प्रकार की कई अन्य प्रतिमाओं को इच्छानुसार भिन्न-भिन्न प्रकार से व्याख्यायित किया जाता है। इसका कारण बौद्ध परम्पराओं के विषय में समुचित ज्ञान का अपेक्षित अभाव तथा भारतीय पौराणिक ग्रन्थों तथा पारम्परिक आख्यानों के साथ तिब्बतीय धर्म-ग्रन्थों तथा धार्मिक परम्पराओं की समानता भी हो सकती है।

जाम्बयांग के सिंहासन निर्माण से मिलती-जुलती एक किंवदंती पुरी में स्थित महाप्रभु जगन्नाथ की मूर्ति के निर्माण को लेकर भी प्रसिद्ध है,

जिसका यहां उल्लेख करना बहुत प्रासंगिक न होने पर भी रुचिकर होगा। प्रचलित किंवदन्ती के अनुसार मालव प्रान्त के राजा इंद्रद्युम्न ने एक बार जब पुरी में स्थित नीलाचल पर नीलमाधव के साक्षात् श्री-विग्रह के विषय में सुना तो वे चुपचाप दर्शन करने के लिए पुरी चले आये। किन्तु उनके निर्धारित स्थान पर पहुँचने से पहले ही स्वर्ग से आकर देवता वहां से नीलमाधव के श्री-विग्रह को उठा कर स्वर्ग में ले जा चुके थे। सपरिवार नीलाचल में निवास कर रहे राजा इंद्रद्युम्न की अगाध भक्ति को देखकर अचानक एक दिन आकाशवाणी के माध्यम से उन्हें सूचित किया गया कि नील माधव यानि महाप्रभु जगन्नाथ "दारु ब्रह्म" के रूप में अवश्य ही दर्शन देंगे। नीलाचल में कुछ दिनों तक निवास करने के बाद एक दिन उन्होंने देखा कि समुद्र में एक बड़ा "काष्ठ खण्ड" तैरता हुआ किनारे की तरफ आ रहा है। उन्होंने उस लकड़ी से भगवान् जगन्नाथ की प्रतिमा बनाने का निर्णय ले लिया। उसी समय अचानक ही बिश्वश्रवा नाम के एक मूर्तिकार राजा इंद्रद्युम्न के सामने उपस्थित हुए तथा इस शर्त के साथ भगवान् नीलमाधव की मूर्ति बनाने के लिए राजी हुए कि जब तक वे मूर्ति-निर्माण का काम समाप्त न कर लें, जिसकी सूचना कार्य-सम्पादन के उपरान्त उनके द्वारा स्वयं दी जायेगी, तब तक कोई उनके कार्य में व्यवधान नहीं डालेगा। अर्थात् वे अकेले ही बन्द कमरे में भगवान् नीलमाधव की प्रतिमा का निर्माण करेंगे। राजा इंद्रद्युम्न ने विश्वश्रवा नामक उस मूर्तिकार की बात को मान लिया एवं तदनुसार ही मूर्ति-निर्माण का कार्य आरम्भ हुआ।

बहुत दिन बीत जाने पर भी जब मूर्तिकार की तरफ से कोई सूचना नहीं मिली तो इंद्रद्युम्न की रानी चिन्तित हो गयी। यह सोच कर कि बिना खाद्य-पेय सामग्री के कमरे में कार्यरत मूर्तिकार कहीं अस्वस्थ न हो गये हों, रानी ने एक दिन दरवाजा खोलकर देखा तो पाया कि अर्ध-निर्मित अवस्था में जगन्नाथ, बलभद्र तथा सुभद्रा की मूर्तियों को छोड़कर मूर्तिकार वहां से अन्तर्धान हो गये हैं। रानी अपने किए पर पश्चात्ताप करती हुई विषाद-ग्रस्त हुई तो एक आकाशवाणी के माध्यम से आदेश हुआ कि ऐसी ही अर्ध-निर्मित अवस्था में मूर्तियों को मन्दिर के भीतर स्थापित कर दिया जाय। यह बात सर्व-विदित है कि पुरी नगरी भी एक समय में बौद्ध-धर्म

का केंद्र हुआ करती थी। इस अप्रासंगिक सी लगने वाली मान्यता को उद्धृत करने का आशय इतना ही है कि हिन्दू तथा बौद्ध धर्म के पुराणों तथा पारम्परिक मान्यताओं में पर्याप्त समानताएं देखने को मिलती हैं, जिनके अनेक उदाहरण आगे भी प्रस्तुत किए जायेंगे।

खोजरनाथ की गोम्पा के आस-पास में आवासीय परिसर एवं पर्यटकों के लिए सामान्य सुविधाएं उपलब्ध हैं। तकलाकोट की तुलना में इस क्षेत्र की जलवायु थोड़ी अधिक गरम प्रतीत होती है। समीप में ही करनाली नदी के ऊपर निर्मित पुल को नदी के उस पार स्थित नेपाल का प्रवेश-द्वार कहा जा सकता है। परम्परावादी तिब्बतीय समाज में आधुनिकता के प्रवेश का आभास तकलाकोट की ही तरह खोजरनाथ क्षेत्र के भ्रमण से भी स्पष्ट होने लगता है। खान-पान, वेश-भूषा तथा रहन-सहन में तेजी से हो रहे बदलाव की झलक मिलती है। इसका कारण आवागमन की बढ़ती हुई सुविधाओं का पाया जाना भी है जिसके कारण विश्व के विभिन्न देशों के लोग अधिकाधिक संख्या में इस क्षेत्र का भ्रमण करते पाये जाते हैं। कहा जाता है कि बीसवीं शताब्दी के उत्तरार्ध में चीन में हुई सांस्कृतिक क्रांति के दौरान खोजरनाथ की इस प्रसिद्ध गुफा को भी क्षति का सामना करना पड़ा था। उस समय तिब्बतीय धर्म-गुरुओं तथा बौद्ध भिक्षुओं ने गोम्पा में स्थापित सुंदर मूर्तियों को सुरक्षित स्थानों में छिपाकर उनकी यथासम्भव रक्षा की थी। भारत सरकार द्वारा प्रायोजित कैलास-मानसरोवर यात्रा पर जाने वाले यात्रियों को इस आकर्षक गोम्पा का दर्शन करने का सौभाग्य प्राप्त होता है।

तीर्थ-पुरी

पुराने समय में कैलास-मानसरोवर की यात्रा पर जाने वाले लोग तीर्थ-पुरी का भी भ्रमण किया करते थे। व्यावसायिक दृष्टि से भी तिब्बतीय भाषा में तातापुरी के नाम से परिचित इस स्थान का काफी महत्त्व रहा है। वर्तमान समय में नेपाल के काठमाण्डू से यात्रा करने पर ही इस स्थान का दर्शन किया जा सकता है। भारत सरकार द्वारा प्रायोजित यात्रा में तीर्थ-पुरी का भ्रमण करना सम्मिलित नहीं है। तीर्थ-पुरी मानसरोवर के दक्षिण-पश्चिम में 66 किलोमीटर की दूरी में स्थित है। सतलज (शतद्रु) नदी के उद्गम स्थल

के पास नदी के बाँये भाग में स्थित तीर्थ-पुरी दारचेन से 46 किलोमीटर दूर पश्चिम की दिशा में अवस्थित है। यहां की सुप्रसिद्ध गोम्पा की परिक्रमा करने के लिए तिब्बत के निवासी सुदूर स्थानों से आते हैं। वस्तुतः तकलाकोट से एक ही दिन में ही मोटर वाहन के द्वारा तीर्थ-पुरी का परिभ्रमण करते हुए दारचेन पहुँचा जा सकता है। कैलास-मानसरोवर की यात्रा में इस महत्त्वपूर्ण स्थान का समायोजन उपादेय होगा, जिसके लिए भारत सरकार द्वारा कुछ प्रयास किए जाने की आवश्यकता है।

तीर्थ-पुरी में 150 डिग्री सेल्सियस तक के गरम पानी के कई प्राकृतिक जल-स्रोत हैं, जिनसे निकलने वाला कैल्शियम कार्बोनेट तथा सल्फर चारों तरफ फैला हुआ है। सल्फर के ऊपरी परत से जल-स्रोत के ढक जाने के कारण गरम जल की धारा फौव्वारे के रूप में अन्यत्र प्रकट होती है। जल-स्रोत के चारों तरफ सल्फर भस्म सा दिखाई देता है। दूर-दूर से लोग यहां आकर गरम पानी का सेवन करते हैं। यह विश्वास किया जाता है कि यहां के पानी में स्नान करने से कमर दर्द, जलोदर, चर्म-रोग, गठिया आदि की बीमारियों से मुक्ति मिल जाती है।

एक पौराणिक कथा के अनुसार दानवराज भस्मासुर ने तप्तजल-स्रोत के पास बैठकर कैलास में समाधि लगाये हुए भूतभावन भोले नाथ को प्रसन्न करने के लिए की कठिन तपस्या की थी। उसकी साधना से प्रसन्न भगवान् शंकर ने जब यथेच्छित वरदान दिया तो उस धृष्ट राक्षस ने अपूर्व-सुन्दरी माता पार्वती पर ही अपनी आसक्ति दिखा दी। अपने दुस्साहस के अन्तिम परिणाम के रूप में उसे वहीं पर भस्मसात् होना पड़ा था। कहा जाता है कि उसकी विशाल काया राख के ढेर के रूप में परिणत हो गयी। भारतीय यात्री भस्मासुर की राख समझकर विभूति के रूप में व्यवहार करने के लिए यहां से मिट्टी को उठा ले जाते हैं।

तीर्थ-पुरी गोम्पा के परिक्रमा के मार्ग में एक विशेष स्थल पर पायी जाने वाली पीली मिट्टी से धर्म-भीरु यात्री तिलक लगाते हैं। तिब्बतीय यात्री गोम्पा के निकटस्थ पत्थर पर माथा टेककर तथा उसका आलिंगन कर अपनी श्रद्धा तथा आस्था को प्रकट करते देखे जाते हैं। इस बात का

उल्लेख पहले ही किया जा चुका है कि सन् 1841 में कश्मीर के राजा गुलाब सिंह के डोगरा सैनिकों का नेतृत्व करते हुए जनरल जोरावर सिंह ने तिब्बत पर आधिपत्य की इच्छा से तीर्थ-पुरी को अपनी सेना का मुख्यालय बनाया था। यहीं से उसने बरखा के मैदानों तथा पुरांग घाटी के गाँवों का अतिक्रमण कर अन्त में वीरगति प्राप्त की थी। उसके ठीक सौ साल बाद सन् 1941 में हासाखाना के नेतृत्व में सैकड़ों की संख्या में आये लुटेरों ने तीर्थ-पुरी की गोम्पा में रखे गये बौद्ध-ग्रंथों की अमूल्य पाण्डुलिपियों को जलाते हुए वहां स्थित भारतीय यात्रियों को भी लूटा था। लाखों रूपयों की धन-सामग्री को लूटकर लुटेरे तिब्बत में आतंक मचाते हुए कश्मीर की ओर चले गये थे।

गुर्ला-मान्धाता तथा दो विशाल सरोवर

गुर्ला-मान्धाता से मानसरोवर तथा राक्षसताल का दृश्य
(Source: C.J. Wang)

परस्पर बिछुड़े हुए कैलास-मानसरोवर
Source: Satellite image found without accreditation

गुर्ला-मान्धाता पूरे वैशिष्ट्य के साथ

राक्षसताल-मान्धाता तथा मानसरोवर-मान्धाता अविस्मरणीय दृश्य

परखा मैदान तथा गुर्ला-मान्धाता

अवर्णनीय मानसरोवर

मानसरोवर, दिव्यता तथा भव्यता से भरा

शीत ऋतु में बर्फ से ढका मानसरोवर

6

गुर्ला-मान्धाता पर्वत श्रेणियाँ

लिपुलेक के ऊँचे शिखर से सुदूर पूर्व में स्थित चाँदी से बने विशाल मुकुटों की तरह हिमाच्छादित मान्धाता पर्वत मालाओं से निकलने वाली जल-धाराओं के प्रवेश से ही मानसरोवर की विशाल जलराशि का निर्माण होता है। तकलाकोट से आगे बढ़ते हुए तिब्बत में नैमो-नैन्सी नाम से विश्रुत मान्धाता पर्वत मालाओं की ओर आने वाले एक छोटे से निर्झर को पार कर गुर्ला गिरिद्वार के बाद आरम्भ होने वाले पठार का ढलान उत्तर दिशा में राक्षस-ताल तथा मानसरोवर की ओर आगे बढ़ता है। कुछ ही समय के बाद नीले रंग का समुद्र की तरह दीखने वाले राक्षस-ताल का विशाल जल-भण्डार दृष्टिगोचर होता है। लगता है जैसे नीला आसमान ही धरती पर छोटे समुद्र का रूप धारण कर उतर आया हो। उत्तर दिशा में सुशोभित बादलों के साथ आँख-मिचौनी करते हुए भूतभावन भोलेनाथ के हिमाच्छादित प्रासाद कैलास पर्वत की अलौकिक छटा नयनों को अनायास ही अपनी ओर आकृष्ट करते हुए हृदय में समाने लगती है। ऐसा लगता है जैसे पर्वत-श्रेणियों के बीच में एक विराट मन्दिर या स्तूप के आकार वाला विशाल शिव-लिंग चमचमाते चाँदी से निर्मित वस्त्राभूषणों को ओढ़कर अवर्णनीय श्रृंगार से विभूषित होकर शोभायमान हो रहा हो।

राक्षस-ताल से लगभग छः मील की दूरी तय करने के बाद पुनः मान्धाता पर्वत- श्रेणियों से प्रवाहित होने वाली जल-धाराओं से निर्मित जिस

विशाल अद्वितीय एवं अवर्णनीय जल-भण्डार का दिव्य-दर्शन होता है, वही है ब्रह्मा की मानसी सृष्टि के नाम से प्राचीन भारतीय वाङ्मय में वर्णित विश्व-विख्यात मानसरोवर। पूर्व में मान्धाता पर्वत श्रेणियाँ तथा उत्तर में कैलास पर्वत। दोनों ही हिमाच्छादित पर्वतों की सरोवर पर पड़ती हुई परछाइयाँ तथा समय तथा स्थान के अनुसार बदलता हुआ नित्य नया रंगीन स्वरूप मानसरोवर के यथार्थ को सचमुच ही कल्पनातीत बना देता है। मानसरोवर से राक्षस-ताल को जोड़ने वाली लगभग 6 मील लम्बी प्राकृतिक नहर गंगा-छु मानसरोवर के अतिरिक्त जल को राक्षस-ताल की ओर निष्कासित करती है।

सतयुग के महाप्रतापी शासक महाराज मान्धाता के नाम से विख्यात मान्धाता पर्वत श्रेणियों को कैलास-मानसरोवर से निकलने वाली अधिकांश नदियों तथा महानदियों का मूल-स्रोत माना जाता है, जिसकी चर्चा आगे की जायेगी। स्कन्द पुराण के मानस-खण्ड में मानसरोवर तथा महाप्रतापी राजा मान्धाता से जुड़ा एक रोचक उपाख्यान आता है। मानस-खण्ड के दसवें अध्याय में वर्णित यह उपाख्यान इस प्रकार है–

वैवस्वत मनु के वंश में उत्पन्न होकर अपने नाम को चरितार्थ करने वाले राजा मान्धाता के समक्ष एक आकर्षक सुंदरी युवती के वेश में उपस्थित होकर एक बार पृथ्वी ने उनसे विवाह करने की अपनी उत्कट इच्छा को प्रकट किया। आधी रात के समय सज-धज कर उनके सामने अपने आप को उपस्थापित कर स्त्री स्वरूपा पृथ्वी ने कहा कि वह काम-सन्तप्त होकर महाराज मान्धाता पर मुग्ध हो गयी है तथा उनके साथ जीने-मरने की सौगन्ध खाकर विवाह-बन्धन में आबद्ध होने की प्रतिज्ञा ले चुकी है। श्रृंगार के साथ दिव्य वेश में सामने उपस्थित युवती ने अपनी वासना-युक्त बातों से राजा को विचलित न होता देख पुनः निवेदन किया कि आज तक कोई भी राजा भोग कर उसे जरा-जीर्ण अवस्था में पहुँचाने में सफल नहीं हुए हैं। अतः उसने उन सबका साथ छोड़ दिया। अब उसने महा-प्रतापी मान्धाता के साथ सदा उनकी अनुगामिनी बनकर रहने का निर्णय कर लिया है। राजा के यह कहने पर कि संसार में कोई भी व्यक्ति अजर बन कर नहीं रह सकता, तथा उसे भगवान् शंकर के चरणों की

सौगन्ध लेकर कहना पड़ेगा कि वह कभी भी भविष्य में अपने वचनों से विरत नहीं होंगी, पृथ्वी ने कहा कि यदि राजा उसे भोग कर जीर्ण करने में समर्थ हुए तो अवश्य ही उनकी सहचरी बनकर सदा साथ निभायेगी। पृथ्वी के शपथ लेने के उपरान्त मान्धाता ने उसका पाणि-ग्रहण कर लिया। सर्वत्र घूम-घूम कर सुखपूर्वक पृथ्वी रूपा उस अपूर्व-सुन्दरी नारी के साथ वे रमण करने लगे।

लम्बे समय तक साथ रहने के अनन्तर महीपति मान्धाता ने एक राजसूय यज्ञ का आयोजन किया एवं अनिन्द्य-सुन्दरी धर्मपत्नी के रूप में समय बिता रही पृथ्वी को पास बुलाया। उन्होंने पृथ्वी को अपने वन जाने का संकल्प सुनाया, जहां वानप्रस्थ की अवस्था में रहकर तपश्चर्या के द्वारा जीवन-यापन करना परम कर्तव्य बन जाता है। पृथ्वी को समझाते हुए राजर्षि मान्धाता बोले कि वानप्रस्थ में किए गये तपस्या के बल पर वे अपनी प्रियतमा के साथ स्वर्ग जाने के अधिकारी बन जायेंगे तथा उसके लिए स्वर्ग के समस्त सुख-भोग उपलब्ध करा पायेंगे।

मान्धाता की बात सुनते ही अट्टहास करती हुई नारी रूपा पृथ्वी बोली- "हे राजर्षि! अभी तो मैं युवावस्था में हूँ, पातिव्रत धर्म का पालन करते हुए स्वर्ग नहीं जा सकती। आप यदि शरीर से जीर्ण हो गये हैं तो मुझे भी क्यों नहीं जीर्ण कर देते, ताकि मैं आपके साथ ही स्वर्गारोहण कर सकूँ"।

पृथ्वी का उत्तर सुनकर राजा मान्धाता क्रोध से भर गये। म्याँन से तलवार को खींच कर वे पृथ्वी के ऊपर प्रहार करने के लिए उद्यत हो उठे। गुस्से से तमतमाये अपने पति के उग्र रूप को देख कर भयभीत होकर स्त्री-स्वरूपा पृथ्वी वहां से भागने लगी। किन्तु राजा मान्धाता उसका पीछा करने लगे। राजा को अपना पीछा करता देख दौड़ते-दौड़ते उस दिव्य सुन्दरी ने हिमालय के घर में प्रवेश कर लिया। पुनः राजा को हिमालय के भवन में प्रवेश करता देख पृथ्वी वहां से निकल कर ब्रह्मा द्वारा निर्मित मानस क्षेत्र में पहुँची। हाथ में तलवार लिये उसका पीछा करते हुए मान्धाता वहां भी आ पहुँचे। उन्होंने तलवार से पृथ्वी के सिर पर प्रहार कर दिया। उसी मार्ग

से हिमालय में पुनः प्रस्थान कर नारी रूपा पृथ्वी ने वसुधा-तल का रूप धारण कर लिया। उसे वसुधा-तल में समाया देख मान्धाता ने देवताओं द्वारा पूजित उस क्षेत्र को खोदना आरम्भ कर दिया। किन्तु बहुत समय तक अपने धनुष की नोक से खनन करने के बाद भी राजा उस नारी रूपा पृथ्वी का सन्धान न कर सके। अन्त में स्वर्ण-हंस के रूप में मान्धाता को एक शिव-लिंग का दर्शन हुआ। उसे देखकर वे वहीं ध्यानस्थ हो गये। उन्होंने जहां-जहां खोदा था, वहां से नदियाँ निकलने लगी। ब्रह्मा द्वारा रचे हुए उस मानस क्षेत्र को देखकर राजर्षि मान्धाता ने प्रसन्नतापूर्वक एक दूसरे समुद्र के समान सौ योजन लम्बा, साठ योजन चौड़ा तथा दस योजन गहरा सरोवर बना दिया। धनुष के आघात से उत्पन्न गंगा की धाराओं से वह क्षेत्र जलमग्न हो गया।

वैवस्वतकुले जातो मान्धाता नाम भूपतिः।
तेनायं खनितो विप्रा महता कारणेन च।।
प्रकाशितोऽयं तेनेव नदीभिश्चापि ह्यन्वितः।।

महाराज मान्धाता ने उसके बाद शिव-लिंग पर फूल चढ़ाये। देखते ही देखते देवताओं ने मान्धाता का प्रशस्ति-गान कर उन्हें सम्मानित किया। तत्पश्चात् समस्त इच्छाओं को पूरा करने वाला विमान महीपति मान्धाता को लेकर विष्णु-लोक चला गया। ऋषियों ने लोक-हितकारी राजा की प्रशंसा की, जिसने ब्रह्मा की मानसी सृष्टि के साथ शिव-लिंग को प्रकाशित किया।

स्कन्दपुराणान्तर्गत मानस-खण्ड के सातवे अध्याय में वर्णित अन्य एक आख्यान के अनुसार भगवान् विष्णु के अवतार महर्षि दत्तात्रेय को हिमालय में आया देखकर पर्वत-राज ने विविध उपचारों से पूजा कर उन्हें प्रसन्न किया तथा उनके शुभागमन का कारण जानने की इच्छा प्रकट की। महाराज दत्तात्रेय ने अपने हिमालय आने का प्रयोजन बताते हुए कहा कि यद्यपि विंध्यादि पर्वत भी शुभ लक्षणों से युक्त हैं, परन्तु उनकी हिमालय के साथ तुलना नहीं की जा सकती। हिमालय की महत्ता तथा पवित्रता का व्याख्यान करते हुए महर्षि दत्तात्रेय ने कहा कि इसी क्षेत्र में भगवान् शंकर का

लिंग-पात हुआ था। अतः उत्सुकता-वश वे शीघ्रता के साथ हिमालय आ गये हैं ताकि वैभव तीर्थ आदि से परिपूर्ण हिमालय में शिव-लिंग का दर्शन कर सकें। भगवान् दत्तात्रेय के आग्रह पर हिमालय ने उन्हें सर्व-प्रथम ब्रह्मा की मानसी सृष्टि मानसरोवर का दर्शन कराया, जिसके चारों तरफ गुफाओं तथा आश्रमों में तपस्या में लीन ऋषि-मुनि निवास करते हैं। तत्पश्चात् मानसरोवर के मध्यभाग में सुवर्णमय शिव-लिंग को दिखाया जो राजहंस के रूप में सुन्दर शरीर धारण किए हुए था।

मानसरोवर की परिक्रमा करने के उपरान्त भगवान् दत्तात्रेय कैलास पर्वत की ओर आगे बढ़े तथा वहां उन्होंने साक्षात् शिव का दर्शन किया। अतिथि के भक्ति-भाव से अभिभूत होकर जब भगवान् शिव ने उन्हें अभिवांच्छित वस्तु माँगने का आग्रह किया तो महाराज दत्तात्रेय ने जानना चाहा कि पर्वतों में सर्वश्रेष्ठ कौन है। उनकी जिज्ञासा को शान्त करते हुए शिव ने बताया कि यद्यपि वे विंध्य-पर्वत पर भी निवास करते हैं, किन्तु पुण्यभूमि हिमालय का वे कभी भी परित्याग नहीं करते। हिमालय में उनका मस्तक देवताओं द्वारा निरन्तर पूजित होता है।

मानस-खण्ड के आठवे तथा नौवे अध्याय में उल्लिखित और एक वृत्तान्त के अनुसार हिमालय से लौटकर महर्षि दत्तात्रेय ने काशिराज धन्वन्तरि के समक्ष हिमालय की महिमा का वर्णन करते हुए कहा कि वहां स्थित हंसो द्वारा सेवित मानससरोवर की रचना स्वयं ब्रह्मा ने अपने मन से की तथा स्वर्ण-हंस के रूप में भगवान् शिव स्वयं ही विराजमान हैं—

तथेत्युक्त्वा च भगवान् ब्रह्मा लोकपितामहः।
मनसा मानसं क्षेत्रं ससर्ज नृपसत्तम।।

लिंगं तन्मध्यगं राजन्स्वर्णहंसमयं शुभम्।
चकार च स्वयं ब्रह्मा मनसा हंससेवितम्।।

दत्तात्रेय ने काशिराज को बताया कि तीनों लोकों में मानस क्षेत्र से युक्त हिमालय से श्रेष्ठ कोई अन्य स्थान नहीं है। वह अनेकों नदियों का उद्गम स्थल है। मानसरोवर ही महा तीर्थ है, जिसका जलपान करने से शिव-लोक की प्राप्ति हो जाती है। मानसरोवर के जलकणों को स्पर्श करने मात्र से

सैकड़ों जन्मों में अर्जित पापों से छुटकारा मिल जाता है। वहां शरीर-त्याग करने पर ब्रह्म-लोक की प्राप्ति हो जाती है। मानसरोवर में स्नान करने से गंगा-स्नान का फल मिलता है। वस्तुतः मानस तीर्थ का वर्णन कर पाना सम्भव नहीं।

उपर्युक्त कथानकों में हिमालय के जिस भूभाग का वर्णन है, वास्तव में वह मान्धाता पर्वत तथा कैलास-मानसरोवर का ही क्षेत्र है। सुन्दरी नारी रूपा पृथ्वी का पीछा करते हुए महीपति मान्धाता के धनुष के प्रहार से जो जल-धाराएं निकल कर आयी थी, उनसे ही ब्रह्मा की मानसी सृष्टि मानस क्षेत्र में मानसरोवर के विशाल जलाशय का निर्माण हुआ था। उन्हीं मान्धाता पर्वत शिखरों से प्रस्फुटित होकर पूर्व तथा पश्चिम दिशाओं की तरफ बहने वाली नदियाँ कालान्तर में ब्रह्म-पुत्र, करनाली तथा सतलुज के नाम से विख्यात हो गयीं।

7

मानसरोवर

स्कन्द पुराण के मानस-खण्ड में मानसरोवर की उत्पत्ति का विवरण दिया गया है। नवम अध्याय में वर्णित एक आख्यान के अनुसार मरीचि आदि ब्रह्मा के मानस पुत्रों को जब इस बात का पता चला कि अनेक गणों तथा रुद्र-कन्याओं से परिसेवित तथा देव-गंधर्वों द्वारा पूजित भगवान् शंकर कैलास पर्वत पर भगवती पार्वती के साथ निवास कर रहे हैं तो उन्होंने अनेक पवित्र आश्रमों तथा हिम कणों से परिपूर्ण हिमालय की यात्रा कर कैलास पर तपस्या करनी आरम्भ कर दी। वहां पर उन्होंने हंस के रूप में पार्वती एवं शिव का साक्षात्कार किया। उनके द्वारा तपस्या करते-करते बारह वर्ष बीत गये। इसके बाद हेमन्त ऋतु के आते-आते ब्रह्मा के मानस-पुत्रों के मुख कुम्हलाने लगे। मन्दाकिनी तक जाने के लिए उनके शरीर में शक्ति न रही। जिस स्थान पर वे तपस्या कर रहे थे वहां पर जल का अभाव देख कर वे खिन्न मन से ब्रह्म-लोक चले गये तथा वहां जाकर ब्रह्मा की स्तुति करने लगे। प्रसन्न होकर ब्रह्मा द्वारा उनके आगमन का कारण पूछे जाने पर ऋषियों ने बताया कि हेमन्त ऋतु के आने पर कैलास की अधित्यका में गंगा की दूरस्थता के कारण वे दु:खित हैं। अत: इस कष्ट के निवारण के लिए प्रार्थना लेकर ब्रह्म-लोक में आये हैं।

पितामह ब्रह्मा ऋषियों की समस्या को सुनकर द्रवित हो गये तथा उन्होंने कैलास के पास ही मानसी सृष्टि के द्वारा मानस क्षेत्र का निर्माण कर दिया। उस मानस क्षेत्र के मध्य में स्वर्ण-हंस के रूप में भगवान् शंकर

सुशोभित हो गये। गौरी पर्वत तथा कैलास के मध्यवर्ती स्थान को विष्णु के चरणों से निकली हुई गंगा ने अनेक धाराओं से युक्त होकर परिपूर्ण कर दिया। इस प्रकार मानसरोवर को अनेक नदियों के उद्‌गम के रूप में प्रतिष्ठित किया। इसके बाद मरीचि आदि ऋषि अपने-अपने आश्रमों में चले गये। उन्होंने पवित्र मानसरोवर का दर्शन किया तथा सुवर्णमय हंस के आकार में सुशोभित शिव-लिंग की पूजा-अर्चना की।

युगों-युगों से भारतीय उपमहाद्वीप के विभिन्न स्थानों पर विद्यमान तीर्थ-स्थल साधु-महात्माओं द्वारा परिसेवित होते आए हैं। अनादि काल से ही अधिकांश तीर्थ नगरों तथा गाँवों के कोलाहल से दूर घने जंगलों से घिरे तथा दुर्गम पर्वतों आदि के बीच शान्तिमय परिवेश में स्थित रहे हैं। सांसारिक आलम्बनों तथा उद्दीपनों से दूर ऐसे स्थान साधना के द्वारा व्यक्तित्व के आन्तरिक विकास के लिए उपयुक्त माने जाते थे। आज की तरह अतीत में आवागमन तथा आवासीय सुविधाएं न होने के कारण विरले ही विरक्त सन्त-महापुरुष इन तीर्थ-स्थानों को भ्रमण करने का साहस किया करते थे। हिमालय की चोटी पर शोभायमान कैलास-मानसरोवर का मार्ग अत्यधिक दुर्गम होने के कारण साधु-सन्तों में भी कुछ ही महात्मा मानसरोवर के जल का पान तथा उसमें स्नान कर दिगम्बर होने पर भी महेश्वर माने जाने वाले भूत-भावन भोले नाथ का अनुग्रह प्राप्त करने के लिए प्राणों को हथेली में रख कर इस यात्रा को करने का साहस कर पाते थे।

मानसरोवर की उत्पत्ति का विवरण सर्वप्रथम आदि कवि वाल्मीकि के द्वारा विरचित रामायण महाकाव्य में मिलता है। बालकाण्ड के चौबीसवे सर्ग में ऋषि विश्वामित्र भगवान् राम से कहते हैं कि कैलास पर्वत में ब्रह्मा के द्वारा की गयी मानसी सृष्टि के कारण ही इस जलाशय का नाम मानसरोवर पड़ा है–

कैलासशिखरे राम मनसा निर्मितं सरः।
ब्रह्मणा नरशार्दूल तेनेदं मानसं सरः।।

महाभारत का अध्ययन करने से पता चलता है कि बदरिकाश्रम से द्रौपदी के प्रार्थनानुसार विशेष सुगन्ध-युक्त स्वर्ण-कमल को लाने के लिए

भीम ने कुबेर के भवन के समीप में विद्यमान कैलास पर्वत के निकटस्थ शोभायमान जिस प्राकृतिक सरोवर का दर्शन किया था, सम्भवतः वह मानसरोवर ही था। महाभारत, आरण्यक पर्व के 153वे अध्याय में दिए गये विवरण के अनुसार मध्यम पाण्डव भीम ने अमृत के समान मधुर, पर्वतों से निकले निर्झरों के जल से निर्मित उस सरोवर के जल का पान किया था–

कैलासशिखराभ्यासे ददर्श शुभकाननाम्
कुबेरभवनाभ्यासे जातां पर्वतनिर्झरे।।

तत्रामृतं रसं शीतं लघुकुन्तीसुतः स्वयम्।
ददर्श विमले तोयं पिबंश्च बहु पाण्डवः।।

पौराणिक तथा प्राचीन साहित्यिक ग्रन्थों में अन्यत्र वर्णित आख्यानों से भी इस बात की पुष्टि होती है कि कुबेर के घर के समीप में विद्यमान एक सुन्दर सरोवर था। केदार–माहात्म्य के 26वे अध्याय में दिए गये एक विवरण से इस विषय का बोध होता है कि मानसरोवर में हंस–दम्पति परस्पर सुख तथा प्रेम–पूर्वक निरन्तर विहार किया करते थे। कुबेर प्रतिदिन अपनी पत्नियों के साथ उस सरोवर में स्नान कर वट–वृक्ष के नीचे विश्राम किया करते थे–

हंसयोर्दम्पती पूर्वं मानसाख्ये सरोवरे।
स्थितौ परस्परं प्रेम्णा विहरन्तौ निरन्तरम्।।

कुबेरस्तत्र वै नित्यं विहर्तुं याति साबलः।
चिरं विहृत्य सस्नाय वटमूले समाश्रयत्।।

काल के प्रवाह में होते हुए भौगोलिक परिवर्तनों के कारण वर्तमान समय में मानसरोवर के आस–पास वृक्षों की उपस्थिति नहीं देखी जाती है। यहां इस बात का संकेत करना प्रासंगिक होगा कि अन्तर्ज्योति के बल तत्त्ववेत्ता ऋषि–मुनियों के ज्ञान–चक्षुओं से प्रत्यक्षीकृत वस्तुओं का भौतिक नयनों से साक्षात्कार कर पाना असम्भव होता है। सीमित तर्क–शक्ति की कर्कशता के आधार पर यह भी कहा जा सकता है कि मानसरोवर के तट पर वट–वृक्ष की उपस्थिति उक्त पौराणिक आख्यान के रचयिता की

मानसिक कल्पना की उपज मात्र है। स्थान विशेष की अलौकिकता तथा सुन्दरता को दर्शाने के लिए आलंकारिक भाषा के द्वारा अस्वाभाविक प्रस्तुतीकरण को संस्कृत काव्य-जगत् में कवि-समय-ख्याति कहा जाता है। इसके साथ ही यह भी याद रखना आवश्यक है कि कवि की दृष्टि ही उसकी सृष्टि होती है। कहा भी जाता है कि कवि द्वारा निर्मित इस अपार काव्य-संसार में वह ही स्वयं एक मात्र प्रजापति यानि सृष्टिकर्ता है। जब जो भी उसे अच्छा लगता है, उसी के अनुसार वह अपनी रचना करने लगता है। यदि कवि रूपी सृष्टा रसिक हो तो उसकी रचना रस-मय होती है, किन्तु यदि वह वीत-राग हो जाए तो उसकी सारी रचना नीरस बन जाती है–

अपारे काव्यसंसारे कविरेकः प्रजापतिः।
यथास्मै रोचते विश्वं तथेदं परिकल्प्यते।।

श्रृंगारी चेत्कविः काव्ये सर्वं रसमयं जगत्।
स एव वीतरागश्चेन्नीरसं सर्व एव तत्।।

वायु पुराण के 47वे तथा मत्स्य पुराण के 121वे अध्यायों में मानसरोवर की भौगोलिक दिशा का निर्देश करते हुए कहा गया है कि उक्त सरोवर कैलास के दक्षिण में वैद्युत नामक पर्वत के नीचे स्थित है–

कैलासदक्षिणे पार्श्वे क्रूरसत्त्वौषधं गिरिम्।
वृत्तकायात्किलोत्पन्नं मज्जनं त्रिककुट्प्रति।।

सर्वधातुमयस्तत्र सुमहान् वैद्युतो गिरिः।
तस्य पादे सरः पुण्यं मानसं सिद्धसेवितम्।।

विभिन्न औषधियों तथा धातुओं से युक्त यह वैद्युत पर्वत ही सम्भवतः मान्धाता पर्वत का दूसरा नाम रहा होगा। महाकवि कालिदास की सुप्रसिद्ध रचना मेघदूतम् में भी कुबेर की नगरी अलका पुरी में पदार्पण करने से पहले कैलास पर्वत के दक्षिण में मानसरोवर की भौगोलिक स्थिति बतायी गयी है। इस काव्य की रोचक भित्तिभूमि पूर्ण रूप से प्रासंगिक न होने पर उसका उल्लेख हृदय को आनन्द की अनुभूति कराने में सहायक होने के साथ ही शिक्षाप्रद भी है। संक्षेप में कहांनी इस प्रकार है–

स्वर्ग में देवताओं के कोषाध्यक्ष कुबेर कैलास पर्वत के पास ही उत्तर में स्थित अलका पुरी में निवास करते थे। समीप में स्थित तालाब से अपने अनुचर यक्ष द्वारा लाये गये कमल के ताजे फूलों से वे प्रतिदिन प्रातःकाल अपने आराध्य देव कैलास पर्वत पर समाधि में लीन भगवान् शिव की पूजा करते थे। एक दिन पुष्पाञ्जलि समर्पित करते समय अधखिले कमल के भीतर से अचानक बाहर निकल कर एक भौंरे ने कुबेर के हाथ को काट दिया। कुछ शोध करने के पश्चात् कुबेर को इस बात का पता चला कि यक्ष ने पहले ही दिन सूर्यास्त होने के बाद कमल के फूलों को तोड़कर पानी में रख दिया था तथा सूर्यास्त के साथ ही एक कमल के पुष्प में सम्पुटित हो जाने के कारण मधु का संग्रह करने के लिये जो भौंरा अन्दर गया था, वहीं बन्द हो गया। प्रातःकाल सूर्योदय के साथ ज्यों ही कमल का फूल खिलने लगा, भौंरा बाहर निकला और उसने फूल को कुबेर के हाथ में पाकर आत्म-रक्षा के लिए उसे काट दिया। जब कुबेर ने यक्ष के दायित्व-बोध में अचानक आये परिवर्तन का कारण जानना चाहा तो उसे पता लगा कि प्रणय-बन्धन में आबद्ध होने के बाद यक्ष को प्रातःकाल प्रेयसी के बाहु-पाश से बाहर निकल कर उस ठंडे तापमान में तालाब से कमल-पुष्पों को संकलन करने के लिए जाने में कष्ट का अनुभव होता था। अतः उसने पूर्व सन्ध्या में ही फूलों को चुन कर अपने मालिक कुबेर की प्रातःकाल की जाने वाली भगवान् शिव की पूजा के लिए रख दिया था। उनमें ताजगी बनाये रखने कि लिए यक्ष ने पूर्व संन्ध्या में संग्रहीत पुष्पों को पानी में रखना सुविधाजनक समझा। अपने अनुचर को परिणय-सूत्र में बंधने के बाद कर्तव्य-मार्ग से च्युत होता देख कुबेर ने उसे दण्ड देना उचित समझा, तथा दण्ड के रूप में उस यक्ष को एक साल के लिए अपनी प्रेयसी से बहुत दूर मध्य भारत (आधुनिक महाराष्ट्र) के रामटेक पर्वत पर एकान्त-वास करने के लिए रख दिया। एकान्त-वास में आठ महीने बिताने के बाद ज्यों ही आषाढ़ का महीना आया एवं आसमान में बादलों ने गरजना शुरु किया, यक्ष का चित्त अधीर हो उठा और उससे रहा न गया। वह विवेक-हीन सा हो गया। निश्चेतन मेघ के समक्ष उसने अपनी दयनीय दशा की अभिव्यक्ति करते हुए उससे कैलास के पास बसी कुबेर की नगरी

अलका पुरी में एकान्तवास कर रही अपनी प्रेयसी के पास सन्देश-वाहक बनाकर भेजने का निर्णय ले लिया। यक्ष ने मेघ को उसके द्वारा अनुसरण किए जाने वाले सम्पूर्ण मार्ग को विस्तार से समझाया तथा आने वाले अनेकों प्रतिबन्धकों तथा आकर्षणों के बाबजूद कर्तव्य-पथ से च्युत न होकर अपनी भाभी के पास जाने के लिए कहा। अलका पुरी तथा कैलास पर्वत के निकटस्थ दक्षिण में स्थित मानसरोवर की विशेषता का बखान करते हुए कविकुलगुरु महाकवि कालिदास ने यक्ष के माध्यम से मेघ को बताया–

हेमाम्भोजप्रसवि सलिलं मानसस्याददानः
कुर्वन्कामं क्षणमुखपटप्रीतिमैरावतस्य।
धुन्वन्कल्पद्रुमकिसलयान्यंशुकानीव वातैः
नानाचेष्टैर्जलद ललितैर्निर्विशेस्तं नगेन्द्रम्।।

शब्दार्थः हे मेघ! स्वर्ण-कमलों को उत्पन्न करने वाले मानसरोवर के पानी का पान कर अपनी थकावट को मिटाते हुए तुम कुछ क्षण के लिए (वहां पर विद्यमान) ऐरावत हाथी के चेहरे में खुशी लाने के लिए उसके ऊपर छा जाना, तथा वहां पर सुशोभित कल्पवृक्ष के वस्त्र रूप पत्तों को अपनी भङ्गिमाओं से युक्त हवाओं द्वारा आन्दोलित करते हुए पर्वत-श्रेष्ठ कैलास में प्रवेश करना।

शीत ऋतु के आने पर मानसरोवर के हंस आदि पक्षी सुदूर के सम-शीतोष्ण स्थानों में स्थित प्राकृतिक जलाशयों की ओर चले जाते हैं। वर्षा ऋतु के प्रारम्भ होते से ठीक पहले वे पक्षी पुनः अपने स्थान मानसरोवर की ओर प्रस्थान करने लगते हैं। महाकवि कालिदास ने मेघदूत में इस बात का उल्लेख करते हुए यक्ष के माध्यम से मेघ को मानसरोवर की ओर जाते हुए राज-हंसों द्वारा अपनाये जा रहे मार्ग का अनुसरण करने को कहा–

आकैलासाद् विसकिसलयच्छेदपाथेयवन्तः।
सम्पत्स्यन्ते नभसि भवतो राजहंसाः सहायाः।।

अर्थात् रास्ते में भूख मिटाने के लिए साथ में कमल-नालों को लेकर अपने मूल स्थान मानसरोवर को जाने के लिए उत्सुक राजहंस कैलास पर्वत के पास तक आकाश मार्ग में तुम्हारे सहायक यानि पथ-प्रदर्शक बने रहेंगे।

यहां पुनः यह स्मरणीय है कि कवियों द्वारा वर्णित या पुराणों में उल्लिखित रूपकों एवं विवरणों का आक्षरिक अर्थ न लेकर उनके भावार्थ या तात्पर्यार्थ को ही ग्रहण करना चाहिए। काशी पुरी को पुराणों में सोने की बनी हुई (स्वर्ण-पुरी) बताया गया है। लंका को भी स्वर्णमयी कहा गया है। इन अभिधानों का आशय निर्दिष्ट स्थानों के वैभव से लेना चाहिए। मानसरोवर में पाये जाने वाले हंसों को राजहंसों के नाम से अभिहित किया गया है। वस्तुतः कवियों ने विभिन्न रूपकों या उपमानों के माध्यम से इस विशाल सरोवर की अलौकिक सुन्दरता तथा पवित्रता का बोध कराया है।

मानसरोवर का नैसर्गिक सौन्दर्य अनायास ही दर्शक को मोहित करने लगता है। भौगोलिक तथा सांस्कृतिक सीमाएं जिज्ञासु की मानसरोवर के प्रति स्वाभाविक आकर्षण में प्रतिबन्धक नहीं बनती। यही कारण है कि विश्व के विभिन्न स्थानों से आने वाले साधु-सन्तों, पर्यटकों तथा अन्वेषकों ने भिन्न-धर्म संस्कृति के अनुचर होने के बाबजूद मानसरोवर के अलौकिक सौन्दर्य को मुक्त कण्ठ से सराहा है। स्वीडन के सुप्रसिद्ध गवेषक स्वेन हेडिन ने जब पहली बार मानसरोवर को देखा तो आश्चर्य-चकित होकर कहा कि इस जलाशय का अद्‌भुत दृश्य मनुष्य की नजरों के सामने नये-नये कौतुहल तथा आश्चर्य प्रकट करता है, और उसे देखकर मन नहीं भरता। मैं तो इस सरोवर के अद्‌भुत दृश्यों को देखने के लिए सम्पूर्ण जीवन बिना ऊबे बिता सकता हूँ तथा उसी में अपने प्राण भी न्यौछावर कर सकता हूँ–

> *"I could live and die in this heavenly lake without ever growing weary of the wonderful spectacles always presenting fresh surprises".*

इस स्वीडन के निवासी सुप्रसिद्ध अन्वेषक ने सन् 1906 में एक महीने से अधिक समय यापित करते हुए मोटे कपड़े से बनी नाव के द्वारा शान्त एवं गम्भीर मानसरोवर का गवेषणात्मक परिदर्शन करने के बाद यह निष्कर्ष

निकाला था कि शतद्रु (सतलज), ब्रह्मपुत्र तथा सिन्धु नदियों का उद्गम स्थल मानसरोवर ही है।

इस अलौकिक सरोवर के विषय में उनके मर्म-स्पर्शी अनुभव सन् 1909 में प्रकाशित उनकी सुप्रसिद्ध पुस्तक "Trans Himalayas" में लिपि-बद्ध हैं। पुस्तक के दूसरे भाग के पेज 151 पर वे लिखते हैं कि मानसरोवर एक अद्भुत आकर्षक तथा मन को मुग्ध करने वाला तालाब है। इस सरोवर से अनेकों आख्यान तथा किंवदन्तियाँ जुड़ी हुई हैं। यह जलराशि समय-समय पर आने वाली आँधियों एवं रंग-परिवर्तनों का लीला-क्षेत्र है। देवताओं तथा मनुष्यों के आँखों का तारा है। शान्ति को प्राप्त करने के लिए श्रान्त तथा उत्सुक यात्रियों का उद्दिष्ट स्थान है। संसार के सभी पवित्रतम सरोवरों में पवित्रतम है। सभी जलाशयों में अग्रगण्य है। यह सरोवर एशिया की नाभि है जहां से संसार की सबसे प्रसिद्ध चार महानदियाँ- ब्रह्मपुत्र, सिन्ध, सतलज तथा गंगा विशालकाय पर्वत-श्रृंगों से निकलती हैं। यह सरोवर चारों तरफ से बड़े-बड़े पर्वतों से घिरा हुआ है, जिनमें से एक पर्वत कैलास भी है, जो संसार के पर्वतों में पवित्रतम है–

> *"Wonderful, attractive, enchanting lake! Themes of stories, legends, play-ground of storms and changes of colours, apple of the eye of Gods and men, goal of weary yearning pilgrims, holiest of the holiest of all lakes of the world, lake of all lakes. Navel of old Asia where from four of the most famous rivers of the world, the Brahmaputra, the Indus, the Shatadru and the Ganges rise of gigantic peaks surrounded by world of mountains, among which Kailas is the most famous of the world."*

मानसरोवर पर स्वामी प्रणवानन्द के निष्कर्ष तथा स्थानीय मान्यताएं

भारत के वर्तमान राज्य आंध्र-प्रदेश में स्थित पूर्व-गोदावरी जिले में 1896 में जन्मे स्वामी प्रणवानन्द (पूर्व आश्रम का नाम कनकदण्डी वेंकट सोमयाजुलु) ने 1919 में तत्कालीन लाहौर में स्थित डी. ए. वी. कालेज से स्नातकीय परीक्षा पास कर कुछ दिनों रेलवे में Accountant के पद पर

कार्य करने के पश्चात् असहयोग आन्दोलन में भाग लिया था। कुछ समय तक भारतीय राष्ट्रीय कांग्रेस के सक्रिय कार्य-कर्ता रहने के बाद वे अन्तरात्मा की आवाज तथा तीब्रतम वैराग्य के वशीभूत होकर साधना के पथ पर अग्रसर हो गये; देव तथा ऋषियों की भूमि हिमालय की तरफ आकृष्ट हो गये। वैज्ञानिक सन्यासी स्वामी ज्ञानानन्दजी से सन्यास की दीक्षा ग्रहण कर सन् 1926 के बाद अगले 23 वर्षों तक वे हिमालय का भ्रमण करते हुए साधना के साथ ही साथ उसके विभिन्न पक्षों का अध्ययन करते रहे। सन् 1928 में लद्दाख के रास्ते गारटोक होकर उन्होंने पहली बार कैलास-मानसरोवर की यात्रा की थी। अपनी द्वितीय कैलास-मानसरोवर की यात्रा का सम्पादन स्वामीजी ने गंगोत्री-निलंग के गिरिद्वार से गुजर कर सन् 1935 में किया। इसके बाद प्राय: प्रतिवर्ष स्वामी जी साधना तथा गवेषणा के उद्देश्य से कैलास-मानसरोवर की यात्रा करते रहे। सन् 1948 तक उन्होंने 23 बार कैलास पर्वत की, 25 बार मानसरोवर की, एक बार राक्षस-ताल की तथा एक बार मान्धाता पर्वत-श्रेणियों की परिक्रमा की थी। मानसरोवर की 25 परिक्रमाओं में सात बार की परिक्रमाएं उन्होंने शीत ऋतु में की थी, जब तापमान -25 डिग्री सेल्सियस तक गिर जाता था एवं मानसरोवर के ऊपरी सतह पर लगभग 25 इंच मोटी बर्फ की चादर जम जाती थी। सन् 1935 के बाद प्रतिवर्ष औसत 2 से 6 महिने तक का समय स्वामीजी ने मानसरोवर के किनारे रहकर साधना तथा शोध-कार्य करते हुए यापित किया था। वैज्ञानिक पद्धति से की गयी गवेषणा के द्वारा उन्होंने स्वीडन के सुप्रसिद्ध अन्वेषक स्वेन हेडिन द्वारा निकाले गये कई निष्कर्षों का खंडन कर उन्हें संशोधित किया। सन् 1949 में प्रकाशित उनका लिखा प्रसिद्ध शोध-ग्रन्थ "Kailas-Manasarovar" आज तक गवेषकों तथा सामान्य पाठकों में सर्वाधिक आदृत पुस्तक है। उन्होंने "जननी" तथा "जन्मभूमि" नामक नौकाओं की सहायता से मानसरोवर, राक्षस-ताल, गौरी कुण्ड आदि के विभिन्न पक्षों का भिन्न-भिन्न ऋतुओं में अध्ययन करते हुए इन सरोवरों की लम्बाई, चौड़ाई तथा गहराई का भी पता लगाया। मानसरोवर, राक्षस-ताल, गौरी-कुण्ड,कैलास आदि पर उनके विचार तथा निष्कर्ष अत्यन्त ज्ञानवर्धक, रुचिकर एवं उल्लेखनीय हैं। प्रस्तुत पुस्तक में

उक्त ग्रन्थ में लिखित कुछ सन्दर्भों का यत्र-तत्र उल्लेख किया गया है। मानसरोवर पर स्वामीजी के विचार तथा निष्कर्षों का यहां पर उल्लेख किया जाना प्रासंगिक होगा। उनके शब्दों का सारांश निम्नवत् है–

अधिकांश हिमालय से निकलने वाली नदियों के जल की भांति ही मानसरोवर का पानी भी मधुर है। समुद्र तल से 14950 फीट की ऊँचाई में स्थित इस विशाल सरोवर की परिधि 59 मील तथा अधिकतम गहराई 300 फीट है। सरोवर का पानी 200 वर्ग मील के क्षेत्र में फैला हुआ है। Tso-Mavang या Tso Mapham नाम से तिब्बती भाषा में पुकारा जाने वाला यह प्रसिद्ध सरोवर अत्यन्त आकर्षक होने के साथ ही साथ आध्यात्मिक भावनाओं से अनुप्राणित करने वाला मानव-सभ्यता के इतिहास में अनुपम, प्राचीनतम तथा पवित्रतम भौगोलिक प्रतीक है। दो गौरवशाली पर्वतों- दक्षिण में गुर्ला-मान्धाता तथा उत्तर में कैलास के मध्य में सुशोभित यह शान्त, गरिमामय तथा नीला सरोवर, जिसके पश्चिम में रावण-हृद या राक्षस-ताल (तिब्बतीय भाषा में- Langak-Tso) नाम से प्रसिद्ध एक और नीले आकाश की तरह शोभायमान विशाल सरोवर है, सचमुच ही परमेश्वर की एक अद्वितीय कल्पनातीत सृष्टि है। आध्यात्मिक दृष्टि से मानसरोवर की आनन्द-विभोर करने वाली ऊर्जा भटकते हुए मस्तिष्क को अनायास ही लोकोत्तर सुख एवं शान्ति प्रदान करती है। जैन धर्म ग्रन्थ 'पद्म-हृदय' कहकर सत्य ही मानसरोवर की यथार्थता का व्याख्यान करते हैं।

कांगरी कारछक (Kangri Karchhak), जो तिब्बतीय कैलास पुराण का नामान्तर है, में वर्णित एक आख्यान के अनुसार मानसरोवर के चारों तरफ पेड़ों की सात पंक्तियाँ एवं कई भवन हैं। यहां नागराज निवास करते हैं। सरोवर की सतह वक्राकार है, जिसके बीच में एक विशाल वृक्ष शोभायमान है। इस वृक्ष के फल झील में गिरते हैं, जिससे जाम (Jam) ध्वनि निकलती है। इस ध्वनि के कारण ही आस-पास की भूमि जाम्बूलिंग (Jambuling) के नाम से जानी जाती है (सम्भवतः पार्श्ववर्ती भूमि को प्राचीन भारतीय वाङ्मय- पौराणिक साहित्य में जम्बूद्वीप क्षेत्र के अन्तर्गत होने से भी मानसरोवर के आस-पास का स्थान जाम्बूलिंग के नाम से पुकारा जाता होगा। इससे भारतीय पौराणिक साहित्य का तिब्बतीय परम्पराओं

में अमिट प्रभाव स्पष्ट होता है)। मानसरोवर में गिरने वाले कुछ फल नागों के आहार बनते हैं तथा अन्य फल उसकी सतह में पहुँच कर सोने में परिणत हो जाते हैं।

महाभारत सभा पर्व में उल्लिखित एक कथानक के अनुसार जब धर्मराज युधिष्ठिर के मन में राजसूय यज्ञ करने का विचार आया तो भगवान् श्रीकृष्ण के साथ परामर्श कर उन्होंने अपने चारों अनुजों को चारों दिशाओं में स्थित तत्कालीन साम्राज्यों पर विजय प्राप्त करने के लिए भेजा। दिग्विजय-अभियान के दौरान उत्तर दिशा में स्थित राजाओं पर विजय तथा उनका अनुमोदन प्राप्त करने के पश्चात् अर्जुन के द्वारा कैलास-मानसरोवर क्षेत्र के परिभ्रमण तथा वहां स्थित यक्ष-गन्धर्व आदि के दिए गये समर्थन तथा बहुमूल्य उपहारों का विवरण दिया गया है। उक्त कथानक के अनुसार सोने की तरह चमक रहे पर्वत श्रेष्ठ दुर्गम मेरु का सौन्दर्य अर्जुन को अभिभूत कर देता है। इस पर्वत के दक्षिण दिशा में फल-फूलों से लदा हुआ एक सदाबहार विशालकाय जम्बू वृक्ष शोभायमान है, जो कि उस क्षेत्र में स्थित जीवनधारी सिद्ध-चारण आदि द्वारा सेवित है। इस जम्बू वृक्ष की विशाल शाखाएं स्वर्ग को स्पर्श करती प्रतीत होती हैं। जम्बू वृक्ष के नाम से पार्श्वस्थ क्षेत्र को जम्बू द्वीप के नाम से जाना जाता है:

मेरोस्तु दक्षिणे पार्श्वे जम्बूर्नाम वनस्पतिः।
नित्यपुष्पफलोपेतः सिद्धचारणसेवितः।

आस्वर्गमुच्छ्रिता राजन् तस्य शाखाः वनस्पतेः।
यस्य नाम्ना त्विदं द्वीपं जम्बूद्वीपमिति श्रुतम्।।

दिव्य सौन्दर्य से परिपूर्ण पर्वत-श्रेष्ठ मेरु की श्रद्धापूर्वक परिक्रमा करने के अनन्तर महारथी अर्जुन की दृष्टि दक्षिण दिशा में स्थित मनोहारिणी जम्बू नदी पर पड़ती है। जम्बू-फल के रस से भरपूर जल का वहन करती हुई जम्बू नदी उसे अपने पास आकृष्ट करती है तथा अर्जुन उसके किनारे पहुंच जाता है:

मेरुं प्रदक्षिणं कृत्वा पर्वतप्रवरं प्रभुः।
ययौ जम्बूनदीतीरे नदीं श्रेष्ठां विलोकयन्।।
स तां मनोरमां दिव्यां जम्बूस्वादुरसावहाम्।।

उपर्युक्त तिब्बतीय पौराणिक ग्रन्थ में अन्य एक स्थान पर यह भी कहा गया है कि जम्बू बहुरंगी मेरु पर्वत का गौरवशाली शिखर है। पूर्व में यह ब्राह्मण की तरह गौर वर्ण का है, दक्षिण में वैश्य की तरह पीले वर्ण का, उत्तर में क्षत्रिय की तरह ताम्र वर्ण का तथा पश्चिम में शूद्र की तरह काले वर्ण का है। मेरु को चार पर्वत आधार प्रदान करते हैं। इन चार पर्वतों में क्रमशः कदम्ब, जामुन, पीपल तथा अंजीर के पेड़ सुशोभित हैं।

प्राचीन भारतीय साहित्य में कैलास पर्वत के साथ-साथ मानसरोवर को भी हिमालय का अभिन्न तथा गौरवमय अंग माना गया है। रामायण, महाभारत तथा प्रमुख पुराणों में, विशेषतः स्कन्द पुराण के मानस-खण्ड में मानसरोवर की गौरवमयी गाथा का विस्तृत विवरण मिलता है। पालि तथा संस्कृत भाषा में लिखे गये बौद्ध साहित्य में मानसरोवर को अनोतत्त (Anotatta) या अनावतप्त (Anavatapta) भी कहा गया है। इसका अभिप्राय यह है कि मानसरोवर के पानी में ऊष्णता का सतत अभाव है। इसके केंद्र में एक वृक्ष है जिसमें सर्व-शक्ति-सम्पन्न फल लगते हैं। इन फलों को खाने से मनुष्य के सभी मानसिक तथा शारीरिक रोगों का निदान हो जाता है। उक्त फलों का सेवन करने के लिए मनुष्य ही नहीं, देवता भी लालायित रहते हैं। मानसरोवर को धरती का स्वर्ग भी कहा गया है। इस बात का उल्लेख मिलता है कि असीम शक्तियों से युक्त अमिताभ बुद्ध जैसे विशाल आकार वाले कमल के फूल भी मानसरोवर में खिलते हैं। भगवान् बुद्ध एवं बोधिसत्त्व इन फूलों को अपने आसन के रूप में व्यवहार करते हैं। स्वर्ग में रहने वाले राजहंस अलौकिक संगीतमय गायन करते हुए मानसरोवर में विचरण करते हैं। इस झील के आस-पास के पहाड़ों में सैकड़ों प्रकार की औषधियाँ (शत-मूलिकाएं) पायी जाती हैं।

मानसरोवर के चारों तरफ आठ बौद्ध-विहार या गोम्पाएं स्थित हैं, जिनकी एक दूसरे से दूरी प्रायः समान है। समय-समय पर लामाओं या धर्मोपदेशकों द्वारा ज्ञान तथा मोक्ष की प्राप्ति के लिए आवश्यक समझे जाने वाले एकान्त-वास एवं साधना के लिए निर्मित तथा व्यवहृत ये आठ गोम्पाएं बौद्ध-धर्म-चक्र की तिल्लियां भी कही जाती हैं। कहा जाता है कि चीनी सांस्कृतिक क्रान्ति के दौरान ये गोम्पाएं बुरी तरह से क्षति-ग्रस्त हो

गयीं। अन्तर्राष्ट्रीय पर्यटन एवं भारत तथा नैपाल से कैलास-मानसरोवर की तीर्थ-यात्रा के पुनरारम्भ होने के पश्चात् आठ में से पांच गोम्पाओं का विगत कुछ वर्षों में आंशिक रूप से पुनर्निर्माण किया गया है। आस-पास में बने चीनी सैन्य ठिकानों अथवा अन्य कारणों से इन सांस्कृतिक केन्द्रों में घर्मगुरुओं, तीर्थ-यात्रियों तथा पर्यटकों का निवास तथा आवागमन बहुत कम जान पड़ता है।

वर्तमान समय में मानसरोवर के दक्षिणी छोर में स्थित थुगोल्हो या क्युगु (Thugolho or Qugu) तथा चिऊ (Chiu) गोम्पाएं सबसे अधिक गतिशील कही जा सकती हैं, जहां यात्रियों के निवास के लिए सुविधाएं देखी जाती हैं। मानसरोवर की भव्यता तथा दिव्यता का दिग्दर्शन करता हुआ Qugu गोम्पा में पाया जाने वाला शिला-लेख कहता है–

> "सो-मा-वांग (मानसरोवर) संसार के सारे तीर्थों में पवित्रतम है। इस जलाशय के केंद्र में मनुष्य की आकृति में एक हजार लामाओं से परिवृत होकर भगवान् विराजमान हैं। सभी लामा-गण मिलकर एक स्वर में उनका गुणगान करते हैं। इस सरोवर से करनाली, ब्रह्मपुत्र, सिन्धु तथा सतलुज नामक चार महा-नदियाँ तथा चार छोटी नदियाँ निकलती हैं। महा-नदियों में से पहली नदी का पानी ऊष्ण, दूसरी का ठंडा, तीसरी का गरम तथा चौथी का शीतल है। इस सरोवर में बार-बार स्नान करने से किए गये समस्त पापों का विनाश हो जाता है तथा पूर्वजों को भी मुक्ति मिल जाती है"।

ठोस चट्टानों से निर्मित गोसुल (Gossul) गोम्पा मानसरोवर के दक्षिण-पश्चिम किनारे में स्थित है। राक्षसताल तथा मानसरोवर के बीच के सबसे संकुचित भाग में स्थित गोसुल गोम्पा तक पहुंचने के लिए इसके दक्षिण में विद्यमान पहाड़ी भूमि से गुजरना पड़ता है। यहां से मानसरोवर का निरन्तर बदलता भव्य तथा विशाल स्वरूप देखा जा सकता है।

चिऊ (Chiu/Jiu) गोम्पा मानसरोवर के उत्तर-पश्चिम में लाल रंग के संग्टोक पेलरी पर्वत (Sangtok Pelri Mountain) पर स्थित है। गोम्पा के नीचे लाल चट्टानों से निकलते गरम पानी का स्रोत ही सम्भवत: उसके आस-

पास दृश्यमान् हरे-भरे शैवाल का कारण है। पास में बहने वाली गंगा छु (Ganga Chu) नाम की प्राकृतिक नहर मानसरोवर के अतिरिक्त पानी को राक्षसताल में प्रवाहित करती है। चिऊ तथा क्युगु गोम्पा के बीच का रास्ता मानसरोवर के किनारे की समतल भूमि से होकर गुजरता है। कहा जाता है जब कि गुरु रिम्पोछे (Rinpoche) तिब्बत में बौद्ध धर्म को लेकर आये तथा 54 वर्ष बिताकर ईसवी वर्ष 876 में उन्होंने वहां से प्रस्थान किया तो एक सप्ताह के लिए मानसरोवर के पश्चिम में स्थित एक गुफा में रहे थे। चिऊ गोम्पा का निर्माण उसी गुफा के समीप माना जाता है। इस गोम्पा में गुरु नाड्रमा (Nadrama) के नाम से गुरु रिम्पोछे की एक मूर्ति भी पायी जाती है। जैन धर्म के अनुयायियों के लिए भी यह स्थान पवित्र माना जाता है।

चेरकिप (Cherkip) जो कि आठों गोम्पाओं में सबसे छोटी है, मानसरोवर के उत्तर-पश्चिम में स्थित है। एक किंवदन्ती के अनुसार भगवान् बुद्ध ने अपने 500 शिष्यों के साथ बोध-गया से चेरपिक की चामत्कारिक यात्रा सम्पादित की थी। समीपवर्ती एक चट्टान से उन्होंने न केवल मानसरोवर, बल्कि आस-पास में स्थित कई गुफाओं को देखा, जिनको उनके शिष्यों ने आवास के रूप में अपनाया। कालान्तर में चेरपिक तथा उसकी गुफाएं बौद्ध भिक्षुकों तथा उनके अनुयायियों के निवास-स्थल बन गये। यह भी कहा जाता है कि उनमें से कई गुफाएं मानसरोवर की विशाल जलराशि में समाहित हो गयी। अन्य गोम्पाओं की तरह यह गोम्पा भी चीन की सांस्कृतिक क्रान्ति के दौरान क्षतिग्रस्त बतायी जाती है। कहा जाता है कि क्षतिग्रस्त होने से पहले भूटान की द्रुपका वंशावली (Drupka lineage) इस गोम्पा का रक्षणावेक्षण किया करती थी।

उत्तर में स्थित लांगपोना गोम्पा मूलतः पर्वत की चोटी के आकार में बनाई गई, जो देखने में हाथी के सूंढ़ जैसी लगती थी। इसी कारण इस गोम्पा को 'हाथी की सूंढ़' (Elephant's Trunk) भी कहा जाता है। इस गोम्पा का आंशिक रूप से पुनर्निर्माण 1986 में किया गया है।

मानसरोवर-तट के उत्तर-पूर्व में स्थित पोनरी या बोनरी (Ponari or Bonri) गोम्पा को गुगेवा खेद्रुप लोजांग नोर्बु (Gugewa Khedrup

Lozang Norbu), जिनका अध्ययन-काल ल्हासा के सेरा बौद्ध-विहार (Sera Monastery) में यापित हुआ, द्वारा निर्मित बताया जाता है। यही कारण है कि आरम्भ से ही यह गोम्पा गेलुग (Gelug) परम्परा की मानी जाती है। इस क्षतिग्रस्त गोम्पा का पुनर्निर्माण अभी तक नहीं हो पाया है।

सेरालंग गोम्पा (Seralung Gompa) मानसरोवर के पूर्वी तट पर स्थित है। इस गोम्पा को 'सुखद आरम्भ' (Pleasant Start) भी कहा जाता है, जिसका कारण यह माना जाता है कि बोधिपथ-प्रदीप्त (Bodhipathapradîpa) के रचयिता अतिसा (Atisa) नाम के सुप्रसिद्ध विद्वान् यहां पर विश्राम किया करते थे। उक्त पुस्तक के अनुसार हीन-यान, महा-यान तथा वज्रयान, इन तीन मार्गों के अवलम्बन से प्रबोध की प्राप्ति होती है।

येरंगो गोम्पा (Yerngo Gompa) भग्न अवस्था में मानसरोवर-तट के दक्षिण-पूर्व में स्थित है। इस गोम्पा की पवित्रता गुरु रिम्पोछे के साथ जोड़ी जाती है। गोम्पा के समीप ही एक पहाड़ी की चोटी पर साष्टांग प्रणाम अर्पित करने के लिए स्थान बना हुआ है।

मानसरोवर के विभिन्न ऋतुओं में बदलते स्वरूप का सविशेष परिचय पाने के लिए विना व्यवधान के इन मठों. में रहकर एक साल का समय बिताना अत्यंत कष्टसाध्य होने पर भी आवश्यक माना जाता है। ऋतु विशेष में सीमित समय के लिए की जाने वाली एक बार की यात्रा के द्वारा प्रकृति के इस अप्रतिम सौन्दर्य-भण्डार के सम्पूर्ण तो क्या, आंशिक ज्ञान की उपलब्धि भी असम्भव है।

स्वामी प्रणवानन्द ने मानसरोवर के तट पर अपने लम्बे प्रवास-जन्य अनुभव के आधार पर लिखा है कि इस सरोवर का सर्वाधिक रोमाञ्चकारी अनुभव शीत ऋतु में ही सम्भव है। उस समय पूरा सरोवर जम कर हिमाच्छादित हो जाता है। वसन्त ऋतु के आगमन के साथ मानसरोवर जब हिमखण्डों के विखण्डन से होने वाली कड़कड़ाहट की भयभीत करने वाली ध्वनि के साथ पिघल कर अपना नीला रूप धारण करता है तो जिस मनमोहक दृश्य को उपस्थापित करता है उसका चित्रण कोई अलौकिक प्रतिभा से सम्पन्न कलाकार ही कर सकता है।

प्राचीन काल में मानसरोवर के चारों ओर स्थित गोम्पाओं में स्थानीय बौद्ध धर्म के अनुयायियों के अलावा भारत से कैलास-मानसरोवर की यात्रा पर जाने वाले साधक तथा साधु-महात्मा भी निवास किया करते थे। मठों के सामने स्थित मैदानी भागों में भी पक्के घर तथा अस्थायी आवास दिखाई देते हैं। सरोवर के किनारे की जमीन कहीं दल-दल वाली तो कहीं पथरीली है। जहां गोस्सुल गोम्पा के आस-पास का परिवेश अपेक्षाकृत गरम प्रतीत होता है, वहीं दूसरे स्थानों पर ठंडक की प्रधानता महसूस होती है। ऊष्ण जल-स्रोतों के रहने पर भी चिऊ गोम्पा के पास का पठारी क्षेत्र अधिक ठंडा प्रतीत होता है। मानसरोवर के चारों तरफ छोटे-छोटे जलाशय हैं। दक्षिण-पश्चिम में Yushup Tso, पश्चिम में Tseti Tso, उत्तर तथा उत्तर-पूर्व में Kurkyal- Chhungo, Sham Tso तथा Ding Tso नाम से पुकारे जाने वाले जलाशय विद्यमान हैं। एक तिब्बतीय धर्म-ग्रन्थ के अनुसार Kurkyal Tso नाम का जलाशय मानसरोवर का मस्तक है जिसमें देवता स्नान करते हैं।

शीत ऋतु में मानसरोवर का स्वरूप अतिशय रमणीय तथा चित्ताकर्षक होने पर भी कभी-कभी हृदय-विदारक दृश्य को दर्शाता है। ठंडे के कारण सैकड़ों की संख्या में मछलियों का मर जाना, पंक्ति-बद्ध बत्तखों का ठंडे में जमकर शरीर त्याग करना, जाड़े की रातों में तुरन्त पैदा हुए भेड़ों के बच्चों की जीवन-हांनि आदि इस अन्तहीन आकर्षण के केन्द्र रहस्यमय सरोवर में तथा उसके आस-पास होने वाली कुछ ऐसी दारुण घटनाएं हैं जो निसर्ग की निर्दयता को प्रस्तुत करती हैं। वसन्त ऋतु के आगमन पर जब मानसरोवर के ऊपर चढ़ी हुई बर्फ की चादर का धीरे-धीरे तिरोधान होता है तो किनारे पर उठने वाली पानी की बड़ी-बड़ी लहरें अपने शब्दों से परिवेश की शान्ति को भंग करती हुई जैसे आसमान को छूने का प्रयास करती हैं। इसको प्रकृति नटी की लीला ही कह सकते हैं कि मानसरोवर का तटवर्ती परिवेश लहरों से शब्दायमान होने पर भी उसका मध्य भाग निःशब्द समाधि की शान्ति एवं गम्भीरता को प्रदर्शित करता है। जहां सरोवर के एक ओर उत्तरी छोर से कैलास पर्वत अपने विशुद्ध सत्त्व रूप में उसके ऊपर प्रतिबिम्बित होता रहता है, वहीं दक्षिणी छोर से मान्धाता पर्वत श्रेणियों

के चमकते हुए हुए चेहरे उसके स्फटिक मणि की तरह स्वच्छ पानी में प्रकट होकर मानसरोवर के सौन्दर्य में चार चाँद लगा देते हैं। सूर्योदय तथा सूर्यास्त के समय मानसरोवर का अवर्णनीय दृश्य उत्तर में भोलेनाथ की क्रीडाभूमि कैलास की स्वर्णमयी छवि के साथ शायद यही संकेत देती है कि सम्पत्ति हो या विपत्ति, अलौकिक सिद्धियों के अधिष्ठान योगियों में एकरूपता बनी रहती है; सूर्य अपने उदय तथा अस्त होते समय एक ही रूप अर्थात् ताम्र वर्ण का दिखाई देता है–

उदेति सविता ताम्रस्ताम्रमेवास्तमेति च।
सम्पत्तौ च विपत्तौ च महतामेकरूपता।।

रात्रि के समय उत्तर तथा दक्षिण में शोभायमान हिमाच्छादित कैलास तथा मान्धाता पर्वत-शिखरों के साथ जब पूर्ण चन्द्र का प्रतिबिम्ब मानसरोवर पर पड़ता है तो साधक सहज ही समाधि के आनन्द की अनुभूति करने लग जाता है। सहृदय सामान्य दर्शक भी आत्मविभोर हो जाता है।

यह निष्कर्ष निकालना, बहरहाल, उचित नहीं होगा कि कैलास-मानसरोवर क्षेत्र में पदार्पण करते ही सम्पूर्णता के साथ चित्त को लालायित करने वाले भोलेनाथ के प्रासाद तथा ब्रह्मा की मानसी सृष्टि का दर्शन-लाभ हो जायेगा। मानसरोवर के निरन्तर बदलते कलेवर की तरह मानस-क्षेत्र के मौसम में भी परिवर्तन होता रहता है। यात्रियों की तरह ही आसमान में घने बादल कैलास पर्वत का आलिंगन तथा मानसरोवर में स्नान करने के लिए मानो प्रतियोगिता में सम्मिलित हो जाते हैं। परिणाम यह होता है कि कई बार तो दिनों तक की प्रतीक्षा करने पर भी कैलास तथा मानसरोवर अपने पूर्ण स्वरूप में यात्रियों के आँखों से ओझल हो जाते हैं। निसर्ग रूपी नर्तक का यह आँख-मिचौनी का खेल चलता ही रहता है। इन सामयिक परिवर्तनों के होने पर भी यह कहना निर्विवाद होगा कि शीत काल में हिमाच्छादित रहने वाला कैलास-मानसरोवर कवि हो या चित्रकार, भूगर्भ-शास्त्री हो या भूगोल-वेत्ता, जीव-विज्ञानी हो या वनस्पति विज्ञान का विशारद, खगोल-विद् हो या पदार्थ-विज्ञानी, समाज-शास्त्री हो या इतिहासकार, साधक हो या सामान्य पर्यटक, आस्तिक हो या नास्तिक, विना पक्षपात के अपने नित्य नये सौन्दर्य

से सबको अभिभूत करता रहता है। यही उक्त क्षेत्र की विशेषता है कि विना चाह के भी अपनी रुचि के अनुसार यात्री को वाञ्छित फल मिल जाता है।

मानसरोवर के नीलमणि की तरह स्वच्छ तथा निर्मल जल का स्पर्श करने मात्र से मन आनन्द एवं उल्लास से व्याप्त हो जाता है। सरोवर के किनारे लहरों के साथ-साथ भूभाग पर टहलते हुए भूरे रंग के छोटे-छोटे खरगोश सीटी बजाकर वातावरण की निस्तब्धता को भंग करते हुए उस स्थान को और भी अधिक मन-मोहक बना देते हैं। हंसों तथा बत्तखों की उपस्थिति इस बात का आभास सा कराती है कि जैसे जलाश्रयी पक्षी भी मानसरोवर के शान्तिमय परिवेश में निर्भयता के साथ उस क्षेत्र में परिव्याप्त वैराग्य-रस के आस्वादन में किसी से पीछे नहीं रहना चाहते। मानसरोवर के सौन्दर्य से भाव-विभोर होकर प्राय: 110 वर्ष पूर्व स्वेन हेडिन ने ठीक ही कहा था-

> "*Manasarovar is the abode of sanctity and peace. No language on earth contains words foreseeable enough to describe the view from it over the lake. I enjoy the voyage to the full, for nothing I remember in my long wandering in Asia can compare with the overpowering beauty of this natural soil. Two flocks of gees are swimming on the water. All is so indescribably quite, so ethical, transparent and transitory, so subtle and sensitive that I scarcely dare breathe. Wonderful, attractive, enchanting Lake Manasarovar is the pearl of all lakes of the world. To my dying day, I shall never forget it. I threw a farewell glance at Manasarovar and experienced a feeling of bereavement at the thought that I must leave its shore*".

सचमुच ही पवित्र जलराशि से सुशोभित शान्त एवं निस्तब्ध मानसरोवर को प्रकृति का हृदय स्वरूप पृथ्वी से अलग स्वर्ग का एक स्पन्दित अंश-विशेष कहना अतिशयोक्ति नहीं होगी।

मानसरोवर समीप में स्थित गोम्पाएं

चिउ या जिऊ गोम्पा

थुगोल्हो या क्युगु गोम्पा

सेरलुंग गोम्पा तथा सम्बद्ध मठ

गोस्सुल गोम्पा; गुरु रिम्पोचे

राक्षसताल के निकट खण्डहर के रूप में स्थित *Tsepgye Monastery*

मानस- कुछ विशेष पक्षियों का आश्रय

मानस क्षेत्र में विचरण करने वाले पक्षी

मानसरोवर के राजहंस?

राक्षसताल; रावण से जुड़ी किंवदन्ती

एलोरा की एक गुफा में दशानन रावण के सिर पर स्थित कैलास पर्वत

राक्षसताल का दिव्य तथा भव्य रूप

राक्षसताल के दो द्वीप; *Source: www-mt-kailash.ru*

मानसरोवर में स्वर्ण-कमल तथा राजहंस

मानसरोवर के विषय में लोक-विश्रुत प्राचीन गाथाएं तथा पुराणों में उल्लिखित वृत्तान्त यहां पर पाये जाने वाले स्वर्ण-कमलों, मंडराने वाले राजहंसों तथा पाये जाने वाले मोतियों की चर्चा करते हैं। कहा जाता है कि मानसरोवर के राजहंस नीर-क्षीर-विवेक (यानि दूध से पानी को अलग करने की क्षमता) वाले होते हैं। भौतिक चक्षुओं से प्रत्यक्षीकृत वास्तविकता उक्त मान्यताओं का समर्थन नहीं करती। वस्तुस्थिति तथा व्यावहारिक दृष्टि से यही कहा जा सकता है कि कवि-कल्पना-प्रसूत पौराणिक आख्यानों एवं तज्जन्य किंवदन्तियों को आक्षरिक अर्थ में ग्रहण करना प्राचीन भारतीय मनीषा के अनुरूप नहीं। कुछ रूढ़ि-ग्रस्त, अशिक्षित तथा अल्प-शिक्षित लोग सांकेतिक एवं आर्थवादिक विवरणों का तात्पर्य एवं आध्यात्मिक अर्थ का परित्याग कर जाने-अनजाने जिस भ्रम का विस्तार करते आये हैं, उसे आज के वैज्ञानिक युग में अन्धविश्वास ही कहा जा सकता है। वास्तविकता यह है कि मानसरोवर के प्राकृतिक वातावरण में कमल या किसी अन्य पुष्प का उगना या उगाना सम्भव ही नहीं है। मानसरोवर के तट पर स्थित गोम्पाओं में वर्षों तक रहकर साधना एवं गवेषणा करते हुए स्वामी प्रणवानन्द महाराज ने वहां पर कमल-पुष्प एवं अन्य वनस्पतियों को उगाने के प्रयास भी किए थे, जिसमें उनको सफलता नहीं मिल पायी थी।

जहां तक नीर-क्षीर विवेकी राजहंसों के अस्तित्व का प्रश्न है, स्वामीजी ने वर्षों के अध्ययन के बाद पाया कि मानसरोवर में तीन प्रकार के जलाश्रयी पक्षी पाये जाते हैं: 1- पारम्परिक हंस प्रजाति के पक्षी, जिन्हें स्थानीय भाषा में nga-ngha कहा जाता है। ये पक्षी शीत ऋतु के प्रारम्भ होते ही (अक्टूबर-नवम्बर के महीनों में) भारत की तरफ प्रस्थान करते हैं तथा वर्षा ऋतु के प्रारम्भ होने से ठीक पहले (अप्रैल के महीने में) अपने मूल स्थान को लौट आते हैं। "सम्पत्स्यन्ते नभसि भवतो राजहंसाः सहायाः" कहकर महाकवि कालिदास ने अपने ग्रंथ मेघदूतम् में सम्भवतः इन्हीं पक्षियों का निर्देश किया था। "जलधरसमये मानसं याति हंसाः" (अर्थात् बादलों के आसमान में उमड़ते ही (वर्षा ऋतु के आते ही) हंस मानसरोवर को चले जाते हैं)- उक्ति के द्वारा अन्यत्र भी इसी बात को प्रतिपादित

किया गया है। ये पक्षी भारत के सुदूर प्रान्तों में स्थित चिलिका आदि जलाशयों में जाकर शीतकाल का निर्वाह करते हैं। 2- मानस क्षेत्र में पाये जाने वाले दूसरे पक्षी को तिब्बती भाषा में ngaru-serchung (ङरु-सेर्चुंग) नाम से पुकारा जाता है। यह पक्षी गहरे वादामी रंग का होता है। शीत ऋतु में हंस प्रजाति कि पक्षियों की ही तरह यह भी भारत की ओर आ जाता है। इस प्रजाति के कुछ पक्षी मानस-क्षेत्र में पाये जाने वाले गरम पानी के स्रोतों के आस-पास रह कर भी शीत ऋतु का समय यापित करते देखे जाते हैं। 3- मानस क्षेत्र में पाये जाने वाले तीसरी प्रजाति के पक्षी का नाम है- Chakarama (चकर्मा)। यह पक्षी गहरे भूरे रंग का होता है। इसे काले रंग की गरदन वाला सारस पक्षी भी कहा जा सकता है। जोड़े में रहने वाले इस पक्षी का मूल निवास सतलज नदी के स्रोत के आस-पास है।

स्थानीय लोग हंस प्रजाति के पक्षियों को शाकाहारी मानते हैं, जो सरोवर के आस-पास उगे घास को खाकर जीवित रहते हैं। मांसाहारी होने पर भी स्थानीय तिब्बत-वासी इस पवित्र समझे जाने वाले पक्षी का शिकार नहीं करते, यद्यपि इसके अण्डों को खाने में कोई परहेज नहीं करते हैं। यह पक्षी बहुत बड़ी संख्या में मानसरोवर में तथा उसके पास में स्थित राक्षस-ताल में विचरण करता पाया जाता है। राक्षस-ताल के बीच में पानी से घिरे दो टापू प्रजनन के लिए अनुकूल तथा सुरक्षित होने के कारण उनके आस-पास ये हंस अधिक संख्या में दिखाई देते हैं। पानी से घिरे हुए द्वीपों में रहने के कारण भेड़िये तथा मनुष्य सहज ही इनका शिकार नहीं कर पाते। हजारों की संख्या में दिये जाने वाले इनके अण्डों से स्थानीय लोग अपनी भूख मिटाते हैं।

वास्तव में मानसरोवर में विद्यमान अनन्त वैचित्र्य एवं सुन्दरता को देखते हुए कवियों ने इसमें स्वर्ण-हंसों तथा स्वर्ण कमलों के अस्तित्व की अलौकिक कल्पना की होगी। उद्देश्य केवल इस नित्य नवीन लगने वाली सरोवर की सुन्दरता का बखान करना रहा होगा। निर्मल नीले जल के आकाश में मँडराते- अँगड़ाई लेते हुए बादल, कैलास तथा मान्धाता के चमचमाते हिम-शिखरों, सूर्य-चंद्रमा आदि नक्षत्रों के विभिन्न समयों में पड़ने वाले रंग-बिरंगे प्रतिबिम्ब इन्द्र-धनुषी रंग में भरकर ऐसी नयी-नयी

सृष्टि उत्पन्न करते रहते हैं जैसे अनेकों रंग के कमल आदि पुष्प एवं मोती चारों तरफ बिखरे हों। धार्मिक विश्वासों के अनुसार कमल पुष्प देवी-देवताओं का आसन भी माना जाता है। अतः अलौकिक सा लगने वाले मानसरोवर में इसके अस्तित्व की कल्पना अस्वाभाविक नहीं।

यहां पुनरुक्ति होने पर भी यह स्मरण कराना आवश्यक है कि पौराणिक आख्यानों तथा कवियों की आलंकारिक अतिशयोक्तिपूर्ण कल्पनाओं के तात्पर्यार्थ को ग्रहण करना ही पौराणिक तथा काव्यशास्त्रीय परम्पराओं के अनुरूप माना जाता है। अलौकिक विवरण तथा फलश्रुति के निर्देश मनुष्यों में जिज्ञासा तथा ईश्वरीय शक्तियों के प्रति आकर्षण पैदा करते हैं। सरल तथा सरस आख्यानों के माध्यम से पुराणों में जन-सामान्य को गम्भीर धार्मिक तथा आध्यात्मिक तत्त्वों का बोध कराया जाता है। सत्य तथा असत्य का विवेक रखने वाले एकान्तवास करने वाले मंत्र-दृष्टा ऋषियों को "हंस" या "परमहंस" पद से विभूषित करने की प्राचीन काल से ही परम्परा रही है। परमहंस को ही प्रकारान्तर से राजहंस भी कहा जा सकता है। नीर से क्षीर को पृथक् करने का आशय असत् को सत् से अलग करने की क्षमता से ही लिया जाना चाहिए। इस क्षमता से सम्पन्न ऋषियों तथा महर्षियों का कैलास-मानसरोवर की पवित्र भूमि में तपस्या तथा आवागमन केवल काल्पनिक नहीं माना जा सकता। अतः मानसरोवर में राजहंसों के अस्तित्व का आशय सत्य का अनुभव करने वाले आत्माराम, आप्तकाम, जीवनमुक्त ऋषियों तथा महर्षियों से भी लिया जाना श्रेयस्कर होगा। अर्थवाद तथा संकेतों के माध्यम से समझाए गये पौराणिक सन्दर्भों को समुचित परिप्रेक्ष्य में ग्रहण न करने पर भ्रमात्मक वातावरण के पैदा होने के साथ ही साथ अर्थ का अनर्थ होता है तथा अविश्वास एवं अन्धविश्वास की सृष्टि होने लगती है, जिसके लिए भारतीय सनातन परम्परा में लेश मात्र भी स्थान नहीं है। सम्प्रदायानुगत ज्ञान के बिना अर्थ का अनर्थ अथवा अप्रासंगिक अर्थ निकालने वाले विद्वानों पर कटाक्ष करते हुए शंकराचार्य ने भगवद्गीता के भाष्य में कहा कि निर्दिष्ट सम्प्रदाय की जानकारी न रखने वाले विद्वान् समस्त शास्त्रों का ज्ञान रखने पर भी मूर्खवत् उपेक्षणीय हैं (सर्वशास्त्रविदपि असम्प्रदायवित् मूर्खवदुपेक्षणीयः)।

सारांश यह कि मानसरोवर संसार की सृष्टि करने वाले की अनोखी देन है। इसकी शुद्धता तथा पवित्रता को प्रदूषित करना अक्षम्य अपराध होगा। समय-समय पर कैलास-मानसरोवर की यात्रा पर जाने वाले यात्रियों के द्वारा अपने श्रद्धा तथा भक्ति-भाव का प्रदर्शन करने के लिए मानसरोवर के तट पर की जाने वाली पूजा-अर्चना की अवशिष्ट सामग्री तथा प्लास्टिक की वस्तुओं को अनवधानता के कारण वहीं पर छोड़ दिया जाता है, जिससे वहां का पवित्र परिवेश दूषित होता है। इसे कैलास-मानसरोवर की यात्रा के उद्देश्यों के अनुरूप कदापि नहीं माना जा सकता है। उचित यही होगा कि यदि किसी व्यक्ति या यात्रियों के द्वारा अनजाने में ऐसी गलती हो जाए तो, दूसरे यात्रियों को उसका परिमार्जन कर पुण्यार्जन करना चाहिए। वस्तुतः पवित्रतम तीर्थ होने पर भी कैलास तथा मानसरोवर के आस-पास मन्दिरों का न होना यही संकेत करता है कि महादेव को प्रसन्न रखने के लिए औपचारिक पूजा, हवन आदि की आवश्यकता ही नहीं। निर्मल अन्तःकरण ही उनका घर है।

8

राक्षस-ताल या रावण-ह्रद

मानसरोवर के पास में ही पश्चिम दिशा में लगभग पांच मील की दूरी पर नीले आसमान की तरह दृश्यमान विशाल जलराशि को राक्षस-ताल या रावण-ह्रद के नाम से अभिहित किया जाता है। इस सरोवर की सम्पूर्ण परिधि 77 मील लम्बी है तथा इसका क्षेत्रफल 140 वर्गमील है। राक्षस-ताल के पूर्व, दक्षिण, पश्चिम तथा उत्तर के क्षेत्रों की लम्बाई क्रमशः 18, 22, 28 तथा 8.50 मील है। सरिवर के उत्तर से दक्षिण की अधिकतम लम्बाई 17 मील तथा पूर्व से पश्चिम की 12 मील है। इस तालाब के तट पर एक मात्र गोम्पा– Chepgey Gompa– इसके उत्तर-पश्चिमी किनारे से 2.50 मील की दूरी पर स्थित है। गहराई में यह तालाब मानसरोवर की तुलना में लगभग आधा है। स्वामी प्रणवानन्द ने मानसरोवर तथा राक्षस-ताल के दीर्घकालीन गहन अध्ययन के बाद यह निष्कर्ष निकाला कि परिमाण में छोटा होने पर भी राक्षस ताल या रावण ह्रद सुन्दरता में मानसरोवर की ही तरह असीम रमणीयता का पारावार है। मुख्य अन्तर यह है कि जहां मानसरोवर के दक्षिण दिशा में हिमाच्छादित गुर्ला मान्धाता पर्वतशिखर विराजमान हैं, वहां राक्षस-ताल का दक्षिणी भाग मैदानी या पठारी है। प्रतिबन्धक के रूप में किसी पर्वत के न होने से दक्षिण दिशा से बहने वाली तेज हवाएं राक्षस-ताल के परिवेश को अधिक शीतल तथा तीब्रतर लहरों से युक्त बनाती हैं।

स्कन्द पुराण के मानस-खण्ड में राक्षस-ताल को लंकासर के नाम से अभिहित किया गया है। उक्त ग्रंथ के 173वें अध्याय में वर्णित एक आख्यान के अनुसार इस सरोवर में प्रवेश करने वाली नदी का नाम शारदा है। रावण के पितामह पुलस्त्य ऋषि के आह्वान पर शारदा का प्रादुर्भाव माना गया है। दिये गये विवरण के अनुसार शारदा की उत्पत्ति कैलास पर्वत की रमणीय तलहटी से हुई है तथा इसके जल का समावेश होते ही रावण-ह्रद भर जाता है। शारदा नदी के जल से भर जाने के बाद रावण ने सरोवर के मध्य में एक भव्य शिव-लिंग की स्थापना की तथा तदुपरान्त अपने पितामह महर्षि पुलस्त्य तथा भगवान् शंकर की आराधना की थी। संसार को पवित्र करने के उद्देश्य से रावण के छोटे भाई बिभीषण ने कालान्तर में शारदा को गुप्त रूप में इस सरोवर से बाहर निकाल दिया था।

एक किंवदन्ती के अनुसार देवताओं ने रावण को मानसरोवर में स्नान करने से रोका था। अत: उसने इस नये सरोवर का निर्माण कर इसके तट पर बैठ कर भगवान् शंकर को प्रसन्न करने के लिए कठोर तपस्या की थी।

बाल्मीकि रामायण, उत्तर काण्ड के सोलहवें सर्ग में एक अन्य रोचक विवरण प्राप्त होता है। तदनुसार कुबेर के ऊपर विजय प्राप्त करने के पश्चात् जब रावण पुष्पक विमान पर आरूढ़ होकर आकाश मार्ग से लौट रहा था तो अचानक ही कैलास पर्वत के पास आते ही विमान की गति रुद्ध हो गयी। इस पर रावण के गुस्से की सीमा न रही। उसने क्रोधाविष्ट होकर वहां पर विद्यमान शिव के गण नन्दीश्वर से विमान के अचानक ही रुकने का कारण पूछा। यह बताए जाने पर कि कैलास पर्वत पर भगवान् शिव अपनी प्रेयसी पार्वती के साथ क्रीड़ारत हैं, रावण का गुस्सा और भी बढ़ गया। उसने कैलास पर्वत को समूल उखाड़ने का निश्चय कर लिया। इसके बाद ज्यों ही उसने अपने हाथों से बलपूर्वक कैलास पर्वत को उखाड़ने का अदम्य प्रयास किया, उस पर्वत पर स्थित सारे प्राणी भयभीत हो उठे। पार्वती ने कैलास पर्वत को हिलता देख महादेव को अपने बाहुपाश में जकड़ लिया। अपनी प्रियतमा को भयभीत हुआ देख भगवान् शिव ने अपने

पाँव के अंगूठे से ज्यों ही पर्वत को दबाया, रावण उसके नीचे कुचल कर कष्ट से कराहने लगा–

पुष्करस्य गतिश्छिन्ना यत्कृते मम गच्छतः।
तमिमं शैलमुन्मूलं करोमि तव गोपते।।

एवमुक्त्वा ततो राम भुजान्निक्षिप्य पर्वते।
तोलयामास तं शीघ्रं स शैलं समकम्पत।।

ततो राम महादेव देवानां प्रवरो हरः।
पादांगुष्ठेन तं शैलं पीडयामास लीलया।
पीडितस्तु ततस्तस्य शैलस्तम्भोपमा भुजा।।

कैलास पर्वत को उखाड़ने के लिये रावण ने अपनी पूरी शक्ति लगा दी थी। भगवान् शंकर ने ज्यों ही अपने पाँव के अंगूठे से पर्वत को दबाया, उसके शरीर से पसीने की धाराएं बहने लगी थी। वह उसी अवस्था में एक हजार वर्ष तक कष्ट से कराहता रहा–

संवत्सरसहस्रं तु रुदतो रक्षसो गतम्।

अन्त में दानव-राज रावण के कष्ट से द्रवित होकर आशुतोष भगवान् भोलेनाथ ने उसको कष्ट से छुटकारा दिया तथा चन्द्रहास नामक तलवार का उपहार देकर वहां से विदा किया। एक हजार वर्ष तक पर्वत के नीचे कुचले जाने पर कष्ट से कराहने- 'राव' करने के कारण, उसका नाम रावण रख दिया गया। तदुपरान्त रावण ने वहीं रहकर भगवान शिव की कठिन तपस्या की। यद्यपि बाल्मीकि रामायण के इस आख्यान में रावण-ह्रद या राक्षस-सरोवर शब्द का उल्लेख नहीं मिलता, तथापि एक पारम्परिक मान्यता इस सरोवर के निर्माण को किसी न किसी रूप में रावण द्वारा की गयी भोलेनाथ की तपस्या से जोड़कर देखती है।

तिब्बतीय लोग स्थानीय भाषा में राक्षस-ताल को Langak Tso नाम से जानते हैं। इसका अर्थ है ऐसा एक सरोवर जिसमें पाँच पर्वत अन्तर्निहित हैं (La= पर्वत, ngak= पाँच, Tso= सरोवर)। तिब्बत में प्रचलित कुछ धर्म-ग्रंथों के अनुसार मानसरोवर का पानी ही बहकर राक्षस-ताल में जाता

है। उन धर्म-ग्रंथों के अनुसार आरम्भ में इस तालाब में राक्षस रहा करते थे। इसके पानी को पीना निषिद्ध माना जाना जाता था। एक बार मानसरोवर में रहने वाली सोने की दो मछलियाँ आपस में झगड़ने लगी। बड़ी मछली ने छोटी मछली को राक्षस-ताल में खदेड़ दिया। राक्षस-ताल में जाने के लिए दूसरी मछली को "गंगा-छु" का सहारा लेना पड़ा, जिसके माध्यम से मानसरोवर का अतिरिक्त पानी राक्षस-ताल में पहुँचता है। यह कहा गया कि गंगा छु के माध्यम से मानसरोवर के पवित्र पानी का राक्षस-ताल में संचार होने के कारण इस तालाब में भी पवित्रता का संचार हो गया। तत्पश्चात् लोगों ने राक्षस-ताल के पानी को पीना आरम्भ कर दिया।

अपने लम्बे प्रवास काल में किए गए शोध के बाद स्वामी प्रणवानन्द ने इस तथ्य को रेखांकित किया कि मानसरोवर की तुलना में राक्षस-ताल की गहराई काफी कम है तथा इसके दक्षिणी छोर में पर्वतों के न होने के कारण शीत ऋतु में यह सरोवर मानसरोवर से दो सप्ताह पहले ही जम कर हिमाच्छादित हो जाता है। समय तथा ऋतु के अनुसार मानसरोवर की ही तरह राक्षस-ताल भी अपने स्वरूप तथा रंग में परिवर्तन करता रहता है, जिससे यह और भी अधिक रोमाञ्चकारी दिखाई देने लगता है। जहां प्रातःकाल तीव्र हवाओं के बहने से उत्पन्न होने वाली ध्वनि-समन्वित लहरों से राक्षस-ताल का तटीय परिवेश शब्दायमान हो उठता है और सरोवर विक्षुब्ध सा हो पड़ता है, वहीं कुछ समय के बीतने के बाद सफेद झाग को उगलती हुई लहरों के शान्त होने के साथ-साथ सम्पूर्ण सरोवर हरे रंग के मरकत मणि की तरह चमकता हुआ अपने शान्त तथा गम्भीर स्वरूप को दर्शाने लगता है।

राक्षसताल की सतह पर स्थित छोटे-छोटे कंकड़-पत्थर तथा तैरती हुई मछलियाँ साफ दीखने लगती हैं। किनारों पर वत्तखों का चहचहाना तथा सीटी बजाते हुए छोटे-छोटे खरगोशों का उछल-कूद मचाना देखकर दर्शक प्रकृति नटी के निष्पाप एवं निष्पक्ष रूप का आनन्द लेता है।

राक्षस-ताल के दक्षिणी छोर पर पर्वतों के न होने पर भी उसके लम्बे तथा संकीर्ण भूभाग से मानसरोवर के दक्षिण में विद्यमान गुर्ला-मान्धाता के

हिमाच्छादित पर्वत-शिखरों को देखा जा सकता है। उत्तर दिशा में स्थित भव्य कैलास पर्वत की दिखाई देने वाली छवि को अवर्णनीय ही कहा जा सकता है। वस्तुतः कैलास पर्वत से निकलने वाले तथा दक्षिण की ओर बहने वाले जलस्रोतों का अन्ततः राक्षस-ताल में ही अन्तर्भाव होता है।

इस सरोवर का विशाल वक्राकार स्वरूप, मध्य में विद्यमान दो छोटे-छोटे द्वीप या टापू तथा चारों तरफ की ऊबड़-खाबड़ जमीन को देखकर इसके वास्तविक क्षेत्र को लेकर कुछ भ्रम सा होने लगता है। यही कारण है कि मानस क्षेत्र में एक महीने से अधिक का समय बिता कर अध्ययन करने के बाद भी स्वीडन के सुप्रसिद्ध अन्वेषक स्वेन हेडिन इस गलत निष्कर्ष पर पहुँचे कि राक्षस-ताल के भीतर तीन द्वीप हैं। वर्षों तक मानस क्षेत्र में साधना तथा शोध करने के उपरान्त स्वामी प्रणवानन्द ने पाया कि वास्तव में राक्षस-ताल के भीतर तीन नहीं, बल्कि दो ही द्वीप हैं।

राक्षस-ताल के उत्तर-पश्चिमी हिस्से से शतद्रु या सतलुज नदी का उद्‌भव होता है। इस नदी के मूल स्रोत के दांये किनारे पर छोटे-छोटे पानी के अनेक झरने इसमें प्रवेश करते हैं। भ्रम-वश कुछ लोग इस नतीजे पर पहुँच जाते हैं कि राक्षस-ताल का पानी किसी भी तरह से बाहर निकल कर सतलुज नदी का रूप धारण नहीं करता है।

गंगा-छु

आपाततः देखा जाता है कि मानसरोवर तथा राक्षस-ताल दो स्वतन्त्र सरोवर हैं। जहां मानसरोवर में प्रवेश करने वाले अधिकांश जलस्रोत उसके दक्षिण में स्थित मान्धाता पर्वत-श्रेणियों से निःसृत होते हैं, वहीं उत्तर में विद्यमान कैलास पर्वत से निकलने वाली जलधाराएं राक्षस-ताल का निर्माण करती हैं। मानसरोवर की 25 बार परिक्रमा करने के पश्चात् स्वामी प्रणवानन्दजी महाराज इस सम्भावना का समर्थन करते हैं कि सुदूर अतीत में राक्षस-ताल मानसरोवर का ही अंग रहा होगा। भौगोलिक परिवर्तनों के कारण कालक्रम से एक ही विशाल जलाशय दो भागों में विभक्त हो गया। स्वामीजी ने इस तथ्य का साक्षात्कार किया था कि गंगा-छु के प्राकृतिक नहर के द्वारा मानसरोवर का अतिरिक्त जल राक्षस-ताल में प्रवेश करता है। जिस प्रकार

राक्षस-ताल के उत्तर-पश्चिम हिस्से से प्रवाहित होकर पानी सतलुज नदी का रूप धारण करता है, उसी प्रकार मानसरोवर का पानी भी गंगा-छु के द्वारा राक्षस-ताल में आता है। इसके अलावा मानसरोवर से जल के निकास का कोई अन्य मार्ग है ही नहीं। यह प्राकृतिक जल-मार्ग- गंगा-छु 40 से 100 फीट चौड़ा, 6 मील लम्बा तथा 2 से 4 फीट गहरा है। स्वामीजी द्वारा किए गये उल्लेख के अनुसार उन्होंने अपने लम्बे प्रवास के दौरान 44 बार इस प्राकृतिक नहर को चलकर पार किया था। उनके शब्दों में कुछ लोगों का यह विश्वास आधार-हीन है कि मानसरोवर से ही सिंधु तथा ब्रह्मपुत्र नदियाँ निकलती हैं। इसी प्रकार अज्ञान-वश ही यह भ्रम भी फैलाया जाता है कि सिन्धु नदी की उत्पत्ति कैलास के उत्तरी या दक्षिणी भाग से होती है तथा कैलास के पश्चिम-दक्षिण की ओर बहती हुई सतलुज नदी का मूल-स्रोत गौरी-कुण्ड है।

राक्षस-ताल के दो द्वीप

यद्यपि स्वेन हेडिन ने राक्षस-ताल के भीतर तीन द्वीपों के अस्तित्व के बारे में उल्लेख किया है, किन्तु स्वामी प्रणवानन्द ने इस पूरे सरोवर की परिक्रमा कर इसके भीतर स्थित द्वीपों का भ्रमण कर पूर्व-प्रचलित मान्यता को संशोधित करते हुए यह निर्विवाद सिद्ध कर दिया कि इस तालाब के भीतर दो ही द्वीप या टापू हैं। इन द्वीपों का नाम है- 1. Lachato; तथा 2. Top-Serma या Dop-Serma। स्वामीजी के द्वारा किए गये उल्लेखों के अनुसार उन्होंने शीत ऋतु में राक्षस-ताल के ऊपर बरफ की मोटी चादर के पड़ जाने पर याक के पीठ में सवार होकर पानी से घिरे दोनों ही टापुओं का भ्रमण किया था। उनके द्वारा वर्णित विवरणों के अनुसार Lachato द्वीप चट्टानों से भरा हुआ कछुए के आकार का है, जिसकी गरदन तीनों तरफ से पानी द्वारा घिरे आधे किलोमीटर लम्बे राक्षस-ताल से लगे दक्षिणी दिशा में स्थित नुकीले भूभाग की ओर फैली हुई है। गरदन तथा नुकीले भूभाग के बीच का फासला लगभग आधे मील का है। इस द्वीप की परिधि कुल मिलाकर लगभग एक मील है। चट्टानों से भरे पड़े इस द्वीप के शिखर में सफेद पत्थरों का ढेर है। छोटे से पहाड़ के पश्चिमी तथा पूर्वी हिस्सों

में अंडे इकट्ठा करने के लिए पत्थरों के घेरे बने हुए हैं। इस द्वीप की यात्रा के दौरान इसके उत्तर-पूर्वी क्षेत्र में स्वामीजी को हंसों का एक झुंड दिखाई दिया था। अप्रैल महीने के अन्तिम सप्ताह में राक्षस-ताल के समीप में स्थित कारडुंग गाँव में रहने वाले लोगों का मुखिया अण्डों को लेने के लिए इस द्वीप में आता है। यही समय हंसों द्वारा अण्डा देने के लिए अनुकूल माना जाता है। इस समय राक्षस-ताल के ऊपर बरफ की परत लगी रहती है। कभी-कभी याक के पीठ पर सवार होकर अण्डों को लेने के लिए आते-जाते समय लोग सरोवर के ऊपरी सतह से अचानक बर्फ की परत के टूट जाने के कारण दुर्घटना के शिकार भी हो जाते हैं। अपने वाहन तथा एकत्रित अंण्डों के साथ ही राक्षस-ताल के जल में समाधि ले लेते हैं। ऐसा भी कहा जाता है कि द्वीप में पहुँचने के बाद रात में अचानक ही बर्फ के पिघल जाने के कारण कभी-कभी याक तथा उसमें सवार यात्री का वापस लौट पाना सम्भव नहीं हो पाता है। ऐसे में जैसे-तैसे हंसों तथा उनके अण्डों को अपना आहार बनाकर अगले शीत ऋतु में बर्फ के जमने तक इन्तजार करने के अलावा कोई विकल्प नहीं बचता।

राक्षस-ताल के भीतर स्थित दूसरे द्वीप Top-Serma भी Lachato द्वीप की तरह ही चट्टानों से भरा पड़ा है। परिमाण में यह द्वीप Lachato से काफी बड़ा है। इसके दक्षिणी भाग को टोनक (Tonak) नाम से जाना जाता है। पूरब से पश्चिम तक इस द्वीप की लम्बाई एक मील है तथा उत्तर से दक्षिण तक की चौड़ाई है 0.75 मील। स्वामी प्रणवानन्द ने अपने भ्रमण के दौरान इस पहाड़ी द्वीप के पूर्व में एक पक्के घर का खण्डहर देखा था। कहा जाता है कि खण्डहर में परिणत इस घर में अतीत में खम्पा लामा नामक बौद्ध धर्म-गुरु रहा करते थे। शीत-ऋतु में राक्षस-ताल के पूरी तरह जम जाने पर वे द्वीप से बाहर निकल कर खाद्य-सामग्री का संग्रह कर पुनः इसी द्वीप में आकर साधना किया करते थे।

राक्षस-ताल एवं मानसरोवर में साम्य-वैषम्य

राक्षस-ताल तथा मानसरोवर दोनों ही प्रकृति की अप्रतिम रचनाएं हैं। दोनों की ही सृष्टि के साथ अनेकों किंवदन्तियाँ तथा पौराणिक गाथाएं जुड़ी हुई

हैं। लम्बे समय तक निरीक्षण करने के बाद स्वामी प्रणवानन्द इस निष्कर्ष पर पहुंचे कि राक्षस-ताल का व्यवहार कई मामलों में मानसरोवर से अलग दिखाई देता है। यद्यपि मानस क्षेत्र में सितम्बर महीने के बाद हिमपात आरम्भ हो जाता है, मानसरोवर का जमना तथा पूर्णतः हिमाच्छादित हो जाना दिसम्बर महीने के मध्य-काल से ही शुरु होता है। दिसम्बर के अन्त तक सम्पूर्ण जलाशय दही की तरह जमकर सफेद रंग का हो जाता है। पूरी तरह से जम जाने के बाद भी स्थानीय लोग मानसरोवर के ऊपर पैदल या याक के पीठ पर सवार होकर जाने का साहस नहीं कर पाते। इस सरोवर के ऊपर जमी लगभग दो फीट मोटी बरफ की परत अप्रैल के महीने तक बनी रहती है। अप्रैल महीने के उत्तरार्ध या मई के महीने के पूर्वार्ध में बर्फ पिघल जाती है।

राक्षस-ताल मानसरोवर से दो या तीन सप्ताह पहले जम जाता है। इस सरोवर के ऊपर जमी बर्फ का पिघलना भी दो-तीन सप्ताह बाद में आरम्भ होता है। बर्फ के जम जाने के बाद राक्षस-ताल के ऊपरी सतह पर भेड़, याक तथा उसमें सवार होकर स्थानीय लोग तालाब के एक छोर से दूसरे तक आवागमन करने लगते हैं तथा सरोवर के बीच में स्थित टापुओं का भ्रमण करने में भी समर्थ हो जाते हैं। बर्फ के जमने के बाद मानसरोवर के ऊपरी सतह में अचानक दरारों के फटने से जिस तरह की भयभीत करने वाली ध्वनियाँ निकलती हैं, राक्षस-ताल में ऐसा अनुभव कदाचित् ही होता है।

पहले इस तथ्य का उल्लेख किया जा चुका है कि मानसरोवर के किनारे आठ मठ या गोम्पाएं पायी जाती हैं। इसके विपरीत राक्षस-ताल के किनारे मात्र एक ही गोम्पा का अस्तित्व पाया जाता है। जहां मानसरोवर का क्षेत्रफल 200 वर्गमील है, वहीं राक्षस-ताल की जलराशि 140 वर्गमील के क्षेत्रफल में फैली हुई है। गहराई में मानसरोवर राक्षस-ताल की तुलना में प्रायः दोगुना अधिक है। प्राकृतिक सौन्दर्य की दृष्टि से राक्षस-ताल को मानसरोवर से कम नहीं आँका जा सकता है। बहरहाल, धार्मिक तथा आध्यात्मिक दृष्टि से मानसरोवर सर्वथा अतुलनीय है। मानसरोवर के दक्षिण में मान्धाता पर्वत मालाएं उस दिशा से आने वाली हवा का प्रतिरोध करती

हैं। लहरों के उछाल पर लगाम सी लगाती हुई इस विशाल सरोवर को शान्त एवं गम्भीर रूप में उपस्थापित करती हैं। किन्तु दक्षिण के पठार से निर्वाध बहने वाली हवाएं राक्षस-ताल में ऊँची-ऊँची लहरों की ध्वनि वातावरण को गुंजायमान करती हुई झील में विक्षोभ पैदा करती हैं। सम्भवतः इसी कारण इस सरोवर के किनारे अधिक शीतलता का अनुभव भी होता है। यही इस सरोवर के पहले जमने तथा बाद में पिघलने का रहस्य भी प्रतीत होता है।

स्वामी प्रणवानन्द के शब्दों में मानसरोवर तथा राक्षस-ताल के बर्फ के पिघलने का दृश्य बर्फ के जमने के दृश्य से और भी अधिक रोमाञ्चकारी तथा आश्चर्य-चकित कर देने वाला होता है। बर्फ के पिघलते ही उठने वाली लहरें मानो स्वच्छन्दता का अनुभव करती हुई मान्धाता पर्वत शिखरों तथा भगवान् शंकर के प्रासाद कैलास पर्वत का स्पर्श करने का प्रयास सा करने लगती हैं। शान्त तथा हरे नीले जलराशि में रात्रि के समय कैलास, मान्धाता पर्वत-श्रेणियां, चाँद तथा अन्य नक्षत्रों का प्रतिबिम्ब मानसरोवर में सर्वथा अवर्णनीय एक अलौकिक दृश्य की सृष्टि कर देते है। आत्म-विभोर कर देने वाला यह परिदृश्य साधक तथा सामान्य सहृदय दर्शक को अपूर्व आनन्द की लहरों से उद्वेलित कर देता है।

9

कैलास-मानस-क्षेत्र से उद्भूत चार मुख्य नदियाँ

आरम्भ से अन्त तक भारत की धरा पर बहने वाली गंगा, यमुना, सरयू, नर्मदा, कृष्णा, गोदावरी, कावेरी आदि नदियों के समान ही तिब्बत के कैलास-मानस क्षेत्र से निकलने वाली चार मुख्य नदियाँ- सिन्धु, ब्रह्मपुत्र, सतलुज (शतद्रु) तथा करनाली भी अत्यन्त पवित्र मानी जाती हैं। प्राचीन भारतीय वाङ्मय में इन चारों ही नदियों के उद्गम स्थलों के विषय में अनेक तरह के विवरण पाये जाते हैं,तथा कुछ किंवदन्तियाँ भी प्रचलित हैं। बौद्ध तथा हिन्दू धर्म के कुछ प्राचीन ग्रन्थ कैलास-मानसरोवर को इन नदियों का मूल स्रोत बताते पाये जाते हैं। स्वामी प्रणवानन्द ने भारतीय तथा तिब्बतीय प्राचीन धार्मिक साहित्य तथा पारम्परिक मान्यताओं के अध्ययन के साथ-साथ वैज्ञानिक पद्धति से की गयी गवेषणा द्वारा इन पवित्र नदियों के उद्गम स्थलों के विषय में फैले हुए भ्रमों का निवारण करते हुए वास्तविक स्थिति का प्रतिपादन किया। उनके द्वारा प्रस्तुत वस्तु-स्थिति संक्षेप में इस प्रकार है–

तिब्बतीय कैलास पुराण के अनुसार गंगा सर्व-प्रथम कैलास पर्वत से निकल कर छुमिक थुंग्टोल (Chhumik Thungtol) नाम के झरने में समाविष्ट हुई। इसी झरने से ताँबे की नलियों द्वारा चार नदियों का

मानसरोवर के मार्ग से प्रादुर्भाव हुआ। सतलज नदी का प्रादुर्भाव हाथी के मुख से हुआ, जिसके कारण इसे हाथी के मुख से निकली हुई नदी या Langchen Khambab कहा गया। यह नदी दुल्चु गोम्पा के निकट पश्चिम दिशा से होकर भारत में प्रवेश करती है। प्रारम्भ में उत्तर की ओर बहने वाली करनाली नदी की उत्पत्ति मोर के मुख से मानी जाती है, जिसके कारण इसे मोर-मुख वाली या Mepcha Khambab नाम से जाना जाता है। लंकापुरिंग के दक्षिण में स्थित मेप्चा चुंगो नाम के स्थान से प्रवाहित होने वाली यह नदी पुनः पश्चिम की ओर अग्रसर होकर सिंदु-युल की तरफ जाती है। नेपाल के भूभाग का अतिक्रमण करते हुए इस नदी का उत्तर प्रदेश के बहराइच जिले में प्रवेश होता है तथा घागरा के नाम से परिचित होती है। ब्रह्मपुत्र नाम की महानदी प्रारम्भ में पश्चिम की ओर बहती है। यह नदी घोड़े के मुख से निकलती है, जिस कारण इसे घोड़े के मुख वाली नदी या Tamchok Khambab कहा जाता है। पूर्व में स्थित चेमा-युंग-डुंग पर्वत से चांग की ओर बहती हुई यह नदी अरुणाचल के कामरूप जिले में भारत में प्रवेश करती है। सिन्धु नदी प्रारम्भ में दक्षिण की ओर प्रवाहित होती है। सिंह के मुख से प्रकट होने के कारण सिंह-मुखी या Senge Khambab कही जाती है। कैलास के उत्तर में स्थित सेंजे नाम के पर्वत से निकल कर यह नदी बाल्टी-चेन होती हुई भारत के लद्दाख क्षेत्र में प्रवेश करती है।

उद्धृत पुराण में दिये गये उपर्युक्त विवरण के अनुसार सतलज नदी का पानी शीतल, करनाली का गरम, ब्रह्मपुत्र का ठंडा तथा सिन्धु का ऊष्ण होता है। यह भी कहा गया है कि सतलज के बालू में सोना, करनाली के बालू में चाँदी, ब्रह्मपुत्र के बालू में सल्फर (मणि या Cat's Eye) तथा सिन्धु के जल में हीरा पाया जाता है। सतलुज का पानी पीने से लोग हाथी की तरह शक्ति-शाली, करनाली का पानी पीने से मोर की तरह सुन्दर, ब्रह्मपुत्र का पानी पीने से घोड़े की तरह तन्दुरस्त तथा सिन्धु का पानी पीने से सिंह की तरह बहादुर होते हैं। इस बात का उल्लेख किया गया है कि ये चारों नदियाँ कैलास तथा मानसरोवर की सात बार परिक्रमा करने के बाद पश्चिम, दक्षिण, पूर्व तथा उत्तर की दिशाओं में प्रस्थान करती हैं।

सतलुज, गज-मुखी लांगचेन खम्बाब

तिब्बतीय धर्म-ग्रन्थ तथा परम्पराएं सतलुज की उत्पत्ति दुल्चु गोम्पा के निकट स्थित झरने या राक्षस-ताल से बताती हैं। उक्त झरना मानसरोवर के पश्चिमी हिस्से से 39 मील की दूरी पर है। व्यावहारिक तथा सामान्य दृष्टि से यह कहा जा सकता है कि राक्षस-ताल ही वास्तव में सतलज नदी का मूल स्रोत है। कांगरी कारचक जिसे तिब्बतीय कैलास पुराण भी कहा जाता है, के अनुसार हाथी के मुख वाली लम्बी-चौड़ी यह पवित्र नदी Langchen Khambab अजेय मानसरोवर से निकलती है।

स्वामी प्रणवानन्द ने दीर्घकालीन शोध के अनन्तर यह प्रमाणित किया कि मूलतः कांग-लुंग ग्लेशियर से जो मानसरोवर के पूर्व में 30 मील की दूरी में स्थित है, निकलने वाली जल-धारा अन्ततोगत्वा राक्षस-ताल से निकलने वाले पानी के साथ मिलकर सतलुज नदी का रूप धारण करती है। अवर्णनीय छटा से युक्त थोलिंग (Tholing) तथा परांग (Tsparang) के वृक्ष-विहीन जंगलों तथा विशाल स्तम्भ जैसे दीखने वाले अद्भुत चट्टानों के बीच से गुजरती हुई यह नदी हजारों वर्ष पूर्व हुए प्राकृतिक परिवर्तनों का आभास कराती प्रतीत होती है। सुदूर अतीत में गरुड़ घाटी नाम से विश्रुत सतलुज नदी के उत्तरी किनारे स्थित कांग-लुंग के खण्डहर पश्चिमी तिब्बत के जांगजुंग (Zangzhung) सभ्यता की याद दिलाते हैं।

जंस्कर, हिमालय तथा धौलाधार की पहाड़ियों को चीरती हुई 12894 फीट की ऊंचाई में स्थित शिप्की ला मुहाने (Shipki La gorge) के द्वारा यह शक्तिशाली नदी हिमाचल प्रदेश में प्रवेश करती है। पंजाब प्रान्त होकर 1,414 किलोमीटर की यात्रा तय करने के उपरान्त पाकिस्तान से होकर बहने वाली सिन्धु नदी में अन्ततोगत्वा इस नदी का प्रवेश या विलय होता है। सतलुज की विशालता इस बात से भी पुष्ट होती है कि इसकी विशाल घाटियों (Basins) में 2 राष्ट्रीय उद्यान (National Parks) तथा अनेकों पशु-पक्षी अभयारण्य (wildlife sanctuaries) स्थित हैं।

सिन्धु, सिंह-मुखी सेंजे खम्बाब

तिब्बत में सेंजे खम्बाब (Senge Khambab) नाम से जाने जाने सिंधु नदी

का मूल स्रोत कैलास पर्वत से लगभग 62 मील दूर उत्तर-पूर्व में स्थित बोखरचु (Bokhar Chu) ग्लेशियर है। वास्तव में इस क्षेत्र में स्थित कराकोरम, लदाख, जंस्कर, हिमालय आदि ढालू पर्वतों में सर्वाधिक ग्लेशियर पाये जाते हैं, जहां से बहुत सारी नदियां निकलती देखी जाती हैं। कैलास पर्वत से उद्भूत बहुत सारी जल-धाराएं भी सिंह-मुखी कही जाने वाली सिन्धु नदी में प्रवेश करती पायी जाती हैं। स्थानीय भाषा में बंगोकांग (Banggokong stream) कही जाने वाली बारहों महिने बहने वाली यह जलधारा स्वेन हेडिन द्वारा माने गये सिन्धु नदी के स्त्रोत से प्राय: 30 किलोमीटर की दूरी में स्थित है।

सिन्धु नदी तंग घाटियों से गुजरती हुई उत्तर-पश्चिम की ओर बहकर तिब्बत के पठार से लदाख में प्रवेश करती है। लदाख तथा जंस्कर पर्वत-श्रेणियों के बीच इस नदी का लम्बा मार्ग प्राय: मैदानी तथा सीधा है। अधिक जलराशि वाली जंस्कर नदी लेह के नीचे सिन्धु नदी से मिलती है। बायीं तरफ से आने वाली सुरु तथा द्रास नामक दो सहायक नदियां कारगिल के पास सिन्धु नदी में विलीन हो जाती हैं, जिससे इस नदी का आकार और बड़ा हो जाता है। यहां से उत्तर-पश्चिम की ओर बहने वाली सिन्धु नदी में सियाचिन ग्लेशियर से निकलने श्योक-नुब्रा नामक दो सहायक नदियां मिलती हैं। इसी प्रकार पश्चिम से आने वाली शिगर तथा गिलगिट नाम की दो अन्य सहायक नदियां भी इस नदी में प्रवेश करती हैं। इसके बाद यह नदी हिमालय पर्वत-श्रेणियों को पार कर नंगा पर्वत होते हुए दक्षिण-पश्चिम की ओर बहती हुई पाकिस्तान में प्रवेश करती है। अरब सागर में प्रवेश करने के लिए सिन्धु नदी को 2,885 किलोमीटर का लम्बा रास्ता तय करना पड़ता है।

ब्रह्मपुत्र, अश्व-मुखी तामचोक खम्बाब

स्वामी प्रणवानन्द ने लम्बे समय तक किए गये अनुसन्धान के पश्चात् प्रामाणिकता के साथ इस तथ्य का उद्घाटन किया किया कि तिब्बत में यार्लुंग सांगपो (Yarlung Tsangpo) नाम से प्रथित भारतीय उप-महाद्वीप की सबसे लम्बी ब्रह्मपुत्र नदी मानसरोवर से 63 मील की दूरी पर स्थितचेमा-युंग-डुंग के ग्लेशियरों से निकलने वाले निर्झरों से मिलकर बनती है।

कैलास-मानस क्षेत्र से निकलने वाली 4,698 किलोमीटर लम्बी ब्रह्मपुत्र नदी भारत के अरुणाचल प्रदेश में प्रवेश करने से पूर्व जिस अद्भुत प्राकृतिक रहस्यमय यार्लुंग जांगबो नामक विशाल दर्रे (Yarlung Zangbo Grand Canyon) का चामत्कारिक परिदृश्य प्रस्तुत करती है, उसका शाब्दिक विवेचन कठिन है। तिब्बतीय पठार में पूर्व दिशा की ओर बहते समय इस नदी का औसत ढलान 14 फीट प्रति मील रहता है। सहसा बायीं दिशा की ओर तीव्र मोड़ लेने के बाद यह ब्रह्मपुत्र नदी उत्तर की ओर बहती हुई हिमालय के पूर्वी किनारे की तरफ बढ़ने लगती है।

परिदृश्य तब और भी अधिक सुहावना हो जाता है जब ब्रह्मपुत्र नदी के सामने हिमालय के 'नाम्चा बार्वा' तथा 'ग्याला पेरी' ('Namcha Barwa' and 'Gyala Peri') नाम के दो शिखर ठीक सामने खड़े हो जाते है। तेरह मील चौड़ी घाटी का यह भाग कुछ स्थानों पर तीन मील तक गहरा है, जिसके कारण इसे कभी-कभी 'घाटियों का एवरेस्ट पर्वत' ('Mount Everest of the Gorges') भी कहा जाता है। पानी से भरी नदी का भयावह रूप से नीचे घाटी में उतरना आश्चर्यजनक दृश्य प्रस्तुत करता है, जिसे 'गुप्त प्रपात' ('Hidden Fall') के नाम से जाना जाता है। इसके तुरन्त बाद ब्रह्मपुत्र नदी अपने मार्ग में पूर्ण-परिवर्तन करती हुई 270 डिग्री वाले आश्चर्यजनक मोड़ के साथ दक्षिण दिशा की ओर बहती हुई अरुणाचल प्रदेश में प्रवेश करती है। बारह सौ वर्ष पूर्व गुरु पद्म सम्भव ने उक्त गुप्त प्रपात का उल्लेख किया था। कठिन भौगोलिक परिवेश के कारण उसके पास तक पहुंच पाना आज तक सम्भव नहीं हो पाया है। धर्म-भीरु तिब्बत के लोग गुप्त-प्रपात तथा गहरे मोड़ वाले इस क्षेत्र को अत्यन्त आदर के साथ ईश्वर का निवास मानते हैं। तिब्बत के प्राचीन पवित्र धर्म-ग्रन्थों में गुप्त प्रपात के पीछे स्वर्ग की उपस्थिति बतायी गयी है, जहां केवल एक गुप्त दरवाजे के माध्यम से ही पहुंचा जा सकता है।

करनाली, मयूर-मुखी मापचा खम्बाब

लिम्पिया दर्रे (Limpia Pass) का स्वामी प्रणवानन्द ने करनाली नदी की उत्पत्ति के मूल स्थान के रूप में उल्लेख किया है। मानसरोवर के

दक्षिण-पूर्वी भाग से 30 मील की दूरी में स्थित माम्चाचुन्गो ग्लेशियर से निकलने वाले झरने को आत्मसात् कर यह नदी अपना बृहत्तर रूप धारण करती है। नेपाल के रास्ते भारत में प्रवेश करते ही ब्राह्मण-घाट नामक स्थान पर शारदा नदी के साथ इसका मिलन होता है। इसके बाद दोनों नदियां मिलकर घाघरा के नाम से जानी जाती हैं। जल-राशि की दृष्टि से करनाली नदी को घाघरा के रूप में गंगा की सबसे बड़ी सहायक नदी माना जाना जाता है। बिहार के छपरा जिले में गंगा के साथ विलय होने तक इस नदी की लम्बाई 1,080 किलोमीटर है। रामायण में अयोध्या के पास घाघरा का सरयू के नाम से वर्णन किया गया है।

बाल्मीकि रामायण के बाल-काण्ड में एक रोचक विवरण दिया गया है। 24वे सर्ग में वर्णित इस आख्यान के अनुसार जब ऋषि विश्वामित्र राम तथा लक्ष्मण को लेकर गंगा तट पर आये तो आस-पास में रह रहे मुनियों ने एक सुन्दर नौका की व्यवस्था कर उनसे निवेदन किया कि दोनों ही राजकुमारों को उस नौका में बैठा कर वे विना विघ्नों का सामना किए अपने गन्तव्य स्थान की ओर प्रस्थान करें। नौका पर आरूढ़ होकर बीच धारा में पहुँचने पर राम ने एक भीषण ध्वनि को सुनकर विश्वामित्र से उसका कारण जानना चाहा। राम के प्रश्न का उत्तर देते हुए विश्वामित्र ने बताया कि ब्रह्मा ने जिस मानस सरोवर की सृष्टि की थी उससे सरयू नदी निकलती है, तथा उस सरयू नदी का पानी अयोध्या के पास से बहता हुआ गंगा के पानी से टकराने के कारण वह भीषण शब्द हो रहा है–

तस्मात्सुस्राव सरसः सायोध्यामुपगूहते।
सरः प्रवृत्ता सरयूः पुण्या ब्रह्मसरश्च्युता।।

कुल मिलाकर देखा जाए तो यह स्पष्ट हो जाता है कि उपर्युक्त चारों ही नदियों का मूल स्रोत मानसरोवर के तट से बहुत दूर नहीं हैं। सम्भवतः इसी कारण बृहत्तर कैलास-मानसरोवर से निकलने वाली इन नदियों का तिब्बतीय एवं भारतीय धर्म-ग्रन्थ मानसरोवर को मूल उद्गम मानते हैं। कैलास-मानसरोवर के विस्तृत भूभाग को एक छोटे से क्षेत्र तक संकुचित रखकर पारम्परिक मान्यताओं तथा प्राचीन पौराणिक सन्दर्भों का आक्षरिक अर्थ स्वीकार न कर उनके वास्तविक आशय को ग्रहण करना ही उचित होगा।

यहां इस बात का उल्लेख करना भी उचित होगा कि लिपुलेक से निकलने वाली काली नदी नन्दाकोट से निकलने वाली सरयू से मिलने के बाद उत्तराखण्ड के टनकपुर के बाद शारदा नदी के नाम से जानी जाती है। जब यह नदी करनाली से मिलती है तो घाघरा एवं सरयू बन जाती हैं। इस कारण भी यदि मानसरोवर को सरयू का उद्गम माना जाए तो इसमें विसंगति देखने की आवश्यकता नहीं। पौराणिक आख्यानों का व्याख्यान समन्वयात्मक रूप में किया जाना ही परम्परानुमोदित माना जाता है।

वनस्पति तथा वन्य-प्राणी

इसको विडम्बना ही कहा जा सकता है कि चार महानदियों, बहुसंख्यक झरनों तथा मानसरोवर-राक्षस-ताल के साथ-साथ बहुत सारे छोटे-बड़े प्राकृतिक जलाशयों की उपस्थिति के बाबजूद तिब्बत के बृहत्तर कैलास-मानस क्षेत्र में वनस्पतियां तथा कृशकाय वन्य प्राणी सीमित रूप में पाये जाते हैं। इस सत्य का अपलाप नहीं किया जा सकता है कि मानसरोवर तथा राक्षसताल के सतह पर तैरती-चमकती छोटी-छोटी मछलियां, अपने खाद्य की खोज में किनारे तथा निकटवर्ती स्थानों पर मंडराते कुछ विशेष प्रकार के पक्षियों का समूह तथा आस-पास की झाड़ियों के इर्द-गिर्द भागते खरगोश अपनी गति-विधियों से उस क्षेत्र के आनन्ददायी शान्तिमय प्राकृतिक परिवेश में गतिशीलता का संचार करते देखे जाते हैं। किन्तु, उक्त जलाशयों से कुछ दूर चले जाने पर आपाततः सीमित संख्या में दृष्टिगोचर होने वाले कृश-काय वन्य-प्राणी मानो श्मशान की शान्ति में जैसे-तैसे शरीर धारण करते प्रतीत होते हैं। इस स्थिति को भिन्न-भिन्न ऋतुओं में अपने नित-नये कलेवर के साथ सज-धज कर मन को हरण करने वाली प्रकृति नटी का निर्दय चेहरा नहीं तो क्या कहा जाय?

कैलास-मानसरोवर मार्ग में पायी जाने वाली सीमित वनस्पतियां प्रायः उसी तरह की होती हैं जैसी कि पड़ोसी मध्य एशिया तथा पूर्व एशिया के सामान्य वर्षा तथा ताप वाली मध्यम जलवायु वाले क्षेत्रों में। ऐसे स्थानों में पनपने वाली वृक्ष-झाड़ियों तथा बूटियों के लिए परिवेश में आर्द्रता आवश्यक होती है। ग्लेशियरों के पिघलने के बाद स्वतः ही इन वनस्पतियों का जमीन

मानस क्षेत्र से निकलने वाली चार महा-नदियां

सतलज; कांगलुंग कांगरी ग्लेशियर से निकलकर गरुड़ घाटी होकर गुजरती हुई

बोखर-छु ग्लेशियर तथा अन्य जल-धाराएं जो सिन्धु नदी में समाहित होती हैं

ब्रह्मपुत्र तथा करनाली

विराट ब्रह्मपुत्र, उद्‌गम तथा आश्चर्य-चकित करने वाला यात्रा-पथ
Source: Shri Chandrashekaran

करनाली का उद्‌गम

मानस क्षेत्र में पायी जाने वाली वनस्पतियां

मानस क्षेत्र में पाये जाने वाले वन्य-जन्तु

Source: Some from the Web

10

कैलास

पवित्र पर्वतों में पवित्रतम तथा स्वर्ग का ही नामान्तर समझा जाने वाला आकार-विशेष में सुशोभित कैलास पर्वत तिब्बत के पश्चिम भाग में स्थित है। 6,638 मीटर (21,771 फीट) ऊंचा यह अद्वितीय पर्वत अपनी विशिष्ट मन्दिराकृति तथा भव्यता के कारण पार्श्ववर्ती शिखरों से सहज ही एक अलग रूप में प्रकट होता है। प्राचीन भारतीय वाङ्मय में कैलास के समीप में ही स्थित अपनी भव्यता, पवित्रता तथा रमणीयता के लिए समान रूप से प्रथित मानसरोवर को इस पर्वत के अविभाज्य अंग के रूप में ही देखा गया है। पौराणिक तथा आध्यात्मिक दृष्टि से एक विना दूसरे की कल्पना करना भी सम्भव नहीं। पाली साहित्य में भी कैलास पर्वत को मानसरोवर का पार्श्ववर्ती चांदी की तरह चमकने वाला हिम-धवल शिखर कहा गया है।

स्थानीय साहित्य में कैलास पर्वत को कांग रिंपोचे (Kang Rinpoche) नाम से अभिहित करते हुए इसे संसार का सबसे पवित्र पर्वत माना गया है, जिसकी चार दिशाओं से एशिया महाद्वीप की चार महान् नदियां- सिन्धु, सतलज, ब्रह्मपुत्र तथा करनाली निकलती हैं। हिन्दू, बौद्ध, बोएन तथा जैन मतावलम्बियों के लिए यह पर्वत तीर्थ-यात्रा तथा परिक्रमा का श्रेष्ठतम स्थल माना जाता है। जहां हिन्दुओं के लिए यह पर्वत महादेव-पार्वती की आवास

है, वहीं बौद्ध-धर्मावलम्बी इस पवित्र पर्वत में भगवान् बुद्ध के विभिन्न रूपों का अनुभव करते हैं। जैन धर्म के अनुयायियों के अनुसार कैलास पर्वत पर ही उनके प्रथम तीर्थंकर भगवान् ऋषभदेव को प्रवोध-प्राप्ति हुई थी।

पारम्परिक परिप्रेक्ष्य में कैलास

भारतीय उप-महाद्वीप के विभिन्न भागों में स्थित प्राचीन मन्दिरों, कलाकृतियों तथा पुरातात्त्विक अवशेषों में पवित्र कैलास की छाया स्पष्ट रूप से देखी जा सकती है। एल्लोरा की गुफाएं, कांची में स्थित कैलासनाथ मन्दिर, इंडोनेशिया में स्थित प्रम्बानन मन्दिर तथा कम्बोडिया का बापुओन मन्दिर कैलास की गौरवमयी गाथा के अमिट प्रतीक हैं।

श्रीमद्भगवद्गीता में "स्थावराणां हिमालय:" तथा "मेरु: शिखरिणामहम्" कहकर भगवान् श्रीकृष्ण हिमालय तथा कैलास की महत्ता का ही प्रदर्शन नहीं करते, वरन् इन दोनों ही पर्वतों के साथ अपना तादात्म्य भी प्रदर्शित करते दिखाई देते हैं। स्कन्द पुराण के मानस-खण्ड में कैलास को शिव-पार्वती की लीला-भूमि के रूप में वर्णित किया गया है। ब्रह्माण्ड पुराण, वायु पुराण, मत्स्य पुराण, शिव पुराण, भागवत पुराण, विष्णु पुराण इत्यादि में कैलास पर्वत की विशेषताओं तथा इसकी भौगोलिक स्थिति का सविशेष निरूपण किया गया है। पुराणों की रचना से पहले लिखे गये वाल्मीकि रामायण तथा महाभारत में भी प्रसंगानुसार कैलास-मानसरोवर का सुन्दर वर्णन मिलता है। इन विवरणों से यही स्पष्ट होता है कि कैलास पर्वत के साथ पक्षपात अकारण नहीं हो सकता। इन विवरणों को पढ़ने से यह बात निर्विवाद प्रतिपादित होती है कि कैलास पर्वत शिव-पार्वती का प्रिय स्थान है तथा देवताओं के कोषाध्यक्ष कुबेर भी इसी पर्वत में निवास करते हैं। इस सन्दर्भ में मुख्य पुराणों के कुछ उद्धरणों को यहां प्रस्तुत करना अप्रासंगिक न होगा।

ब्रह्माण्ड पुराण में कहा गया है कि हिमालय के मध्य भाग के पीछे कैलास नाम का पर्वत स्थित है। इस पर्वत में भगवान् शिव के अलावा कुबेर भी अपने अनुचर गन्धर्वों के साथ निवास करते हैं। इसी पर्वत में समाधि में लीन शिव के मस्तक पर सुर-सरिता गंगा का अवतरण हुआ था-

मध्ये हिमवतः पृष्ठे कैलासो नाम पर्वतः।
तस्मिन्निवसति श्रीमान्कुबेरः सह गुह्यकैः।।1/2/1।।

मदीया इति निश्चित्य समाहितमनाः शिवे।
तत्र त्रिपथगा देवी प्रथमं तु प्रतिष्ठिता।।1/2/27।।

कुछ इसी प्रकार का वर्णन मत्स्य पुराण में भी प्राप्त होता है। कैलास-मानसरोवर के आस-पास बने आश्रमों में ऋषि-मुनि तपस्या किया करते थे, इस विषय की चर्चा पुराणो में यत्र-तत्र मिलती रहती है। कैलास पर्वत की भौगोलिक स्थिति का परिचय देते हुए मत्स्य पुराण में कहा गया है कि भगवान् शंकर द्वारा निषेवित यह पर्वत ब्रह्मर्षि वशिष्ठ के उस आश्रम के उत्तर में स्थित है। उसके चारों तरफ नाना प्रकार के कल्पद्रुम तथा रत्नों से विभूषित अनेक शिखर हैं। वहीं पर मन्दोदक नाम का सरोवर है, जहां से दिव्य मन्दाकिनी नदी, जिसका पानी दही की तरह धवल है, प्रवाहित होती है–

तस्याश्रमस्योत्तरस्त्रिपुरारिनिषेवितः।
नानारत्नमयैः श्रृंगेः कल्पद्रुमसमन्वितैः।।121/2/1।। म. पु.

मन्दोदकं नाम सरः पयस्तु दधिसन्निभम्।
तस्मात्प्रवहते दिव्या नदी मन्दाकिनी शुभा।।121/2/1-3।। म.पु.

वायु पुराण में कैलास की भौगोलिक स्थिति का वर्णन करते हुए कहा गया है कि यह पर्वत हिमालय के उत्तर में स्थित है। हिमालय तथा कैलास दोनों ही पर्वत पूर्व तथा पश्चिम दिशा में स्थित समुद्र की गहराई में प्रविष्ट हैं–

कैलासो हिमवांश्चैव दक्षिणोत्तरपर्वतौ।
पूर्वपश्चायतावेतावर्णवान्तव्यवस्थितौ।।35/9।।

विष्णु पुराण के अनुसार कैलास तथा गन्धमादन दोनों ही पर्वत अस्सी योजन तक फैले हुए हैं। दोनों ही पर्वतों की जड़ें गहरे समुद्र में हैं–

गन्धमादनकैलासौ पूर्वपश्चायतावुभौ।।
अशीतियोजनायामर्णवान्तर्व्यवस्थितौ।।2/2/42।।

श्रीमद्भागवत में कैलास पर्वत की विशेषताओं का अत्यन्त सुन्दर विवरण मिलता है। कहा गया है कि कैलास पर्वत का शिखर बहुत ही रमणीय तथा नाना प्रकार की धातुओं से परिपूर्ण है। सूर्योदय के समय इसकी प्रभा तपे हुए सोने कि तरह हो जाती है–

कैलासशिखरे रम्ये नानाधातुविचित्रिते।
तरुणादित्यसंकाशे तप्तचामीकरप्रभे।।4/6/84/6/8।।

प्राचीन संस्कृत साहित्य की अन्यान्य विधाओं में भी कैलास का अद्भुत चित्रण मिलता है। दिगम्बर महायोगी शिव की इस वासभूमि को सारे रत्नों के भण्डार के रूप में प्रस्तुत किया गया है। कथासरित्सागर में जहां कैलास के शिखर में एक गुफा के निर्माण की बात कही गयी है, वहीं लक्ष्मीधर संहिता में इस पर्वत को कैलास प्रासाद तथा कैलास-मेरु-प्रासाद कहा गया है। रचनाकारों ने अपनी रुचियों तथा कल्पनाओं के अनुसार कैलास पर्वत का निरूपण किया है। शायद ही विश्व के अन्य किसी पर्वत का ऐसा रमणीय बखान प्राचीन साहित्य में किया गया हो।

पौराणिक तथा आध्यात्मिक केन्द्र

कैलास पद की शाब्दिक विवेचना दो प्रकार से की जा सकती है–

- केलीनां समूहः केलम्, तेन आस्यते स्थीयते इति कैलासः, अर्थात् शिव-पार्वती की क्रीड़ा-स्थली या लीला भूमि।
- के-ब्रह्मणि आस्यते लीयते यत्र इति कैलासः, अर्थात् वह स्थान जहां पर समाधि लीन होकर ब्रह्मानन्द का अनुभव किया जाता है।

वैदिक वाङ्मय में मुख्यतः तीन प्रकार से कैलास की प्रतिपत्ति की जाती है- आधिदैविक, आधिभौतिक तथा आध्यात्मिक। इस विषय का संक्षिप्त विवेचन अप्रासंगिक नहीं होगाः

आधिदैविक दृष्टि से कैलास या ब्रह्मचर्य कैलास को सृष्टि का मूल माना जाता है। शिव पुराण, विश्वेश्वर संहिता के अध्याय 17 में दिए गये विवरण के अनुसार जो सत्य, अहिंसा आदि धर्मों से युक्त होकर भगवान् शिव की आराधना करते हैं वे अधर्म रूप भैंसे पर आरूढ़ काल-चक्र को

पार कर जाते हैं। काल चक्रेश्वर की सीमा के ऊपर वृषभ के आकार में धर्म की स्थिति है, जो कि ब्रह्मचर्य का मूर्तिमान् रूप है। उसके सत्य, शौच, दया तथा अहिंसा- ये चार पाद हैं। वह शिव लोक से आगे स्थित है। क्षमा उसके सींग हैं। शम कान है। वे वेदध्वनि रूप शब्द से विभूषित हैं। आस्तिकता उनके दोनों नेत्र हैं। निःश्वास उनकी श्रेष्ठ बुद्धि तथा मन है। क्रिया आदि धर्म-रूप वृषभ सदा कारण आदि में स्थित हैं। क्रिया-रूप वृषभाकार धर्म पर कालातीत शिव आरूढ़ होते हैं। ब्रह्मा, विष्णु तथा महेश्वर की अपनी अपनी आयु को दिन कहते हैं। उसके ऊपर न दिन है, न रात्रि। वहां जन्म-मरण आदि भी नहीं हैं। फिर कारण रूप ब्रह्मा के भी कारण सत्य लोक पर्यन्त 14 लोक हैं, जो स्थूल पांचभौतिक रूप, रस, गन्ध आदि स्थूल तत्त्वों से परे हैं। उनकी सनातन स्थिति है। सूक्ष्म गन्ध ही उनका स्वरूप है। इसके ऊपर कारण रूप विष्णु के 14 लोक हैं। उनके ऊपर कारण रूप रुद्र के 28 लोक हैं। उनसे भी ऊपर कारणेश शिव के 56 लोक हैं। तत्पश्चात् शिव-सम्मत ब्रह्मचर्य लोक है। वहीं पांच आवरणों से युक्त ज्ञानमय कैलास है, जहां पर पांच मण्डल, पांच ब्रह्म कला और आद्या-शक्ति से संयुक्त आदि लिंग है। यही परमात्मा शिव का आलय है, जहां वे परा शक्ति के साथ रहते हैं-

अधर्ममहिषारूढं कालचक्रं तरन्ति ते।
सत्यादिधर्मसंयुक्ताः शिवपूजापराश्चये।।84।।

तदूर्ध्वं वृषभो धर्मो ब्रह्मचर्यस्वरूपधृक्।
सत्यादिपादयुक्तस्तु शिवलोकाग्रतः स्थितः।।85।।

क्षमाशृंगः शमः श्रोत्रो वेदध्वनिविभूषितः।
आस्तिक्यचक्षुर्निश्वासः गुरुबुद्धिमनाः वृषः।।86।।

क्रियादिवृषभा ज्ञेयाः कारणादिषुसर्वदा।
तं क्रियावृषभं धर्मं कालातीतोऽधितिष्ठति।।87।।

ब्रह्मविष्णुमहेशानां स्वस्वायुर्दिनमुच्यते।
तदूर्ध्वं न दिनं रात्रिर्नजन्ममरणादिकम्।।88।।

पुनः कारणसत्यान्ताः कारणब्रह्मणस्तथा।
गन्धादिभ्यस्तु भूतेभ्यस्तदूर्ध्वं निर्मिताः सदा।।89।।

सूक्ष्मगन्धस्वरूपा हि स्थिता लोकाश्चतुर्दश।
पुनः कारणविष्णोर्वै स्थितालोकाश्चतुर्दश।।90।।

पुनः कारणरुद्रस्य लोकाष्टाविंशका मताः।
पुनश्च कारणेशस्य षट्पंचाशत्तदूर्ध्वगाः।।91।।

ततः परं ब्रह्मचर्यलोकाख्यं शिवसम्मतम्।
तत्रैवज्ञानकैलासे पंचावरणसंयुते।।92।।

पञ्चमण्डलसंयुक्तं पञ्चब्रह्मकलान्वितम्।
आदिशक्तिसमायुक्तमादिलिंगं तु तत्र वै।।93।।

शिवालयमिदं प्रोक्तं शिवस्य परमात्मनः।
परशक्त्या समायुक्तस्तत्रैव परमेश्वर।।94।।

कूर्म पुराण (1/4) में भी इस तत्त्व का विवेचन मिलता है कि जिस प्रकार एक समय में उत्पन्न जल का जिस प्रकार बूंद-बूंद में विस्तार होता है, उसी प्रकार उस जल विशेष से ब्रह्माण्ड भी उत्पन्न हो गया। उसके कर्ता को परमेष्ठी कहा गया, जिसका क्षेत्रज्ञ ब्रह्म है। वही प्रथम निर्माता पुरुष है। वह हंस रूप है। वही हिरण्यगर्भ, कपिल, छन्दमूर्ति तथा सनातन है। उसका उल्ब मेरु अर्थात् कैलास है। पर्वत उसके जरायु हैं। विभिन्न प्रकार के समुद्र उसके गर्भ के भीतर का द्रव है–

एककालसमुत्पन्नं जलवुद्वुद्वच्च तत्।
विशेषेभ्योऽण्डमभूत्वृहत्तदुदकेशयम्।।36।।

तस्मिन्कार्यस्य करणं संसिद्धिः परमेष्ठिनः।
प्राकृतेऽण्डे विवृत्तः स क्षेत्रज्ञो ब्रह्म संज्ञितः।।37।।

स वै शरीरी प्रथमः स वै पुरुष उच्यते।
आदिकर्ता स भूतानां ब्रह्माग्रे समवर्तत।।38।।

> यमाहुः पुरुषं हंसं प्रधानात्परतः स्थितम्।
> हिरण्यगर्भं कपिलं छन्दोमूर्तिं सनातनम्।।39।।
>
> मेरुरुल्बमभूत्तस्य जरायुश्चापि पर्वताः।
> गर्भोदकं समुद्राश्च तस्यास्य परमात्मनः।।40।।

कुछ इसी प्रकार का वर्णन ब्रह्माण्ड पुराण (1/1/3), भागवत पुराण (5/25) तथा अन्यान्य पुराणों में भी प्राप्त होता है। मेरु अर्थात् कैलास, जो कि त्रिकोण या पिरामिड के रूप में प्रतिष्ठित है, को ब्रह्माण्डों के पारस्परिक आकर्षण का उल्ब कहा गया है। वही हिरण्यगर्भ या शिव तत्त्व का निवास है। ऋग्वेद की ऋचा– "हिरण्यगर्भः समवर्तताग्रे भूतस्य जातः पतिरेक आसीत। स दाधार पृथिवीमुत द्यां कस्मै देवाय हविषा विधेम", उसी कैलास–वासी परमतत्त्व की अनादि सत्ता तथा महत्ता का प्रतिपादन करती है।

आधिभौतिक दृष्टि से देखा जाए तो पृथ्वी के दोनों ध्रुव ही मेरु हैं। वस्तुतः प्रत्येक द्वीप के केद्र को भी मेरु कहा जाता है। जम्बूद्वीप में स्थित ज्ञान के केन्द्र कैलास को भारतवर्ष का मेरु कहा जाता है। पुराणों में कैलास क्षेत्र को तीन विटपों (त्रिविष्टप) का केन्द्र कहा गया है। त्रिविष्टप वास्तव में हिमालय का ही नामान्तर है, जिसका अपभ्रंश रूप तिब्बत है। ये तीन विटप गंगा, सिन्धु तथा ब्रह्मपुत्र के रूप में तीन महानदियों का मूल है। पौराणिक साहित्य में त्रिविष्टप को स्वर्ग का पर्याय भी माना जाता है। वृक्ष हजारों जड़ों से जल सहित खाद्य पदार्थों का ग्रहण करता है तथा हजारों पत्तों तक पहुंचाता है। इसी प्रकार अनेकों छोटी–छोटी धाराएं मिल कर नदी का निर्माण करती हैं। समुद्र में मिलने से पहले वही नदी अनेकों धाराओं में विभाजित हो जाती है। जिस भूभाग (watershed or catchment) का जल मिलकर एक नदी का रूप धारण करता है उसकी एक वृक्ष के रूप में कल्पना गयी है। सिन्धु नदी जो कश्मीर–लद्दाख होते हुए अन्ततः अरब सागर में मिलती है, को विष्णु विटप कहा जाता है। लक्ष्मी सिन्धु–पत्नी वैष्णो देवी हैं। जिस भाग का जल गंगा नदी का रूप धारण कर गंगा सागर में प्रवेश करता है, उसे शिव विटप (शिव जटा) के रूप

में देखा जाता है। जिस भूभाग की जल-राशि ब्रह्मपुत्र नदी का रूप धारण कर ब्रह्मा के क-मण्डल (ब्रह्मदेश या कारोमण्दल) होते हुए समुद्र में प्रवेश करती है, उसे ब्रह्म विटप नाम से अभिहित किया जाता है। यह भी स्मरणीय है कि पुराणों में पायः हर द्वीप से निकलने वाली महानदियों को गंगा कहा गया है, जो कि उनकी पवित्रता तथा महत्ता का प्रतिपादक है। पुराणों में वर्णित कैलास क्षेत्र के आधिभौतिक रूप का संक्षिप्त निरूपण पूर्व पृष्ठों में किया जा चुका है तथा उसके विषय में काव्य-साहित्य में किया गया उल्लेख अगले कुछ पृष्ठों में किया जायेगा।

कैलास क्षेत्र का आध्यात्मिक विश्लेषण एक अत्यन्त गम्भीर विषय है, जिसको आत्मसात् करना तत्त्ववेत्ता एवं समाहित-चित्त साधु-सन्तों के द्वारा ही सम्भव है। इस विषय का यहां पर संकेत मात्र किया जा रहा है। मनुष्य के शरीर को देव-मन्दिर कहा जाता है- "शरीरं देवमन्दिरम्"। मस्तिष्क के वाम तथा दक्षिण भागों के बीच जितना अधिक घनिष्ठ सम्बन्ध सूत्र हो, मनुष्य उतना अधिक बुद्धिमान् होता है। उन दोनों भागों के बीच में इड़ा, पिंगला तथा सुषुम्ना ये तीन नाड़ियां मिलती हैं। इनको गंगा, यमुना तथा सरस्वती भी कहा जाता है। आज्ञा चक्र के ऊपर जहां ये तीन नाड़ियां मिलती हैं, उस स्थान को त्रिकूट या कैलास कहा जाता है। वहां पर मस्तिष्क के दो भागों का सम्बन्ध ही शिव-पार्वती का संवाद है। वही वास्तविक ज्ञान का स्रोत है। आदि शंकराचार्य ने सौन्दर्य लहरी में इस रहस्य का संकेत करते हुए लिखा है कि हृदय देश में विकसित संवित् कमल से निकलने वाले मकरन्द के एक मात्र रसिक उस हंस के जोड़े का मैं भजन करता हूं जो महान् पुरुषों के मन रूपी मानसरोवर में विहार करता है। जिसके वार्तालाप का परिणाम 18 विद्याओं के रूप में प्रकट होता है। जो दोषों से समस्त गुण उसी प्रकार निकाल लेता है, जैसे जल-मिश्रित दूध से राजहंस दूध को पृथक् कर लेता है (यहां हंस को लाक्षणिक अर्थ में ग्रहण किया जाना चाहिए)-

समुन्मीलत्संवित्कमलमकरन्दैकरसिकं
भजे हंसद्वन्द्वं किमपि महतां मानसचरम्।
यदालापादष्टादशगुणितविद्या परिणतिः।
यदादत्ते दोषाद्गुणमखिलमद्भ्यः पय इव।।38।।

मुण्डक उपनिषद् के प्रसिद्ध मन्त्र "द्वासुपर्णा सयुजा सखाया समानं वृक्षं परिषस्वजाते। तयोरन्यः पिप्पलं स्वाद्वत्ति अनष्नन्नन्यो अभिचाकशीति (3/1/)" भी इसी मर्म को प्रकाशित करता है। मन्त्र का शाब्दिक अर्थ है- "एक साथ रहने वाले दो मित्र पक्षी एक ही वृक्ष पर विराजमान हैं। उनमें से एक पिप्पल खाता है, अन्य विना खाये केवल देखता रहता है"। इसी वस्तु को प्रकारान्तर से यह कहते हुए प्रतिपादित किया गया है कि सुषुम्ना के केन्द्र में गंगा-यमुना रूपी नाड़ियों के बीच विचरण करने वाले दो मत्स्य हैं जिनका भक्षण करने वाला साधक कहा जाता है। यहां श्वास-प्रश्वास, अर्थात् श्वास लेने तथा छोड़ने को, दो मत्स्यों के रूप निरूपित किया गया है। उनका भक्षण या नियन्त्रण करना प्राणायाम है। प्राणायाम की अवस्था में सुषुम्ना नाड़ी का प्रवाह उर्ध्वोन्मुखी हो जाता है। तन्त्र सम्प्रदाय में इसी को पंच मकारों में अन्यतम 'मत्स्य-साधना' कहा जाता है–

गंगायमुनायोर्मध्ये मत्स्यौ द्वौ चरतः सदा।
तौ मत्स्यौ भक्षयेद्यस्तु स भवेन्मत्स्यसाधकः।।

ज्ञान-परम्परा के स्त्रोत के रूप में शिव को वट-वृक्ष के रूप में भी विवेचित किया गया है। जैसे वट-वृक्ष की शाखा भूमि में लगकर वट-वृक्ष का ही रूप धरण कर लेती है, उसी प्रकार गुरु सुयोग्य शिष्य को अपना ज्ञान देकर अपने जैसा ही बना देता है। द्रुम से द्रुम का निर्माण ही दुमदुम है, जो प्रायः प्रत्येक शिव-पीठ में पाया जाता है। मानसरोवर के तट पर वट-वृक्ष की उपस्थिति का निर्देश भी इसी तत्व का संकेत है।

कैलास पर्वत का काव्यात्मक परिप्रेक्ष्य

महाकवि कालिदास द्वारा विरचित मेघदूतम् नामक प्रसिद्ध काव्य में यक्ष ने मेघ को सन्देश-वाहक के रूप में कैलास के उत्तर में स्थित कुबेर की नगरी अलका में विरह से विकल अपनी प्रेयसी के पास सन्देश ले जाने की प्रार्थना के साथ ही उसे सावधान करते हुए कहा, "हे मेघ! क्रीडा-शैल अर्थात् कैलास पर्वत पर गौरी अपने प्रियतम शिव के साँपों से बने कंगन से सुशोभित हाथ को थाम कर विहार कर रही होगी। ऐसे अवसर पर तुम

भक्तिपूर्वक तथा विनम्रता के साथ पानी न बरसा कर घने या ठोस रूप में प्रस्तुत हो जाना ताकि वे (गौरी) उस पर्वत के रत्नमय सिंहासन पर चढ़ने में सीढ़ी के रूप में तुम्हारा उपयोग कर सकें"। कालिदास के शब्दों में–

हित्वा तस्मिन्भुजगवलयं शम्भुनादत्तहस्ता
क्रीडाशैले यदि च विचरेत्पादचारेण गौरी।
भंगी भक्त्या विरचितवपुः स्तम्भितान्तर्जलौघः
सोपानत्वं कुरु मणितटारोहणायाग्रयायी।।

कविकुलगुरु कालिदास ने पुनः यक्ष के शब्दों में मेघ को यह कह कर चेतावनी दी कि उस क्रीडा-शैल यानि कैलास पर्वत पर देवांगनाएं उसके (मेघ के) द्वारा की गयी पानी की बौछार को फुहारा समझ कर उसके नीचे आकर जल-क्रीड़ा में लिप्त होने लगेंगी। यदि अपने हाथों में पहने रत्न के कंगन के आघात से सुरांगनाएं उसके मार्ग का अवरोध करने लगें तो गरज कर उन्हें भयभीत करते हुए उसे अपने कर्तव्य पथ की ओर बढ़ते रहना चाहिए। यानि धूप सेकने से बह रहे पसीने से मुक्ति पाने के लिए लम्बे समय तक जल-क्रीड़ा की इच्छा रखने वाली देवांगनाओं के चक्कर में फँसकर मेघ को अपने मार्ग से च्युत नहीं होना चाहिए–

तत्रावश्यं वलयकुलिशोद्धट्टनोद्गीर्णतोयं
नेष्यन्ति त्वां सुरयुवतयो यन्त्रधारागृहत्वम्।
ताभ्यो मोक्षस्तव यदि सखे घर्मलब्धस्य न स्यात्
क्रीडालोलाश्रवणपरुषैर्गर्जितैर्भाययेथा।।

चारों तरफ से पर्वतों से घिरा हुआ कैलास पर्वत ऐसा प्रतीत होता है जैसे अनेक पंखुड़ियों वाले कमल के मध्य भाग में एक विशाल शिव-लिंग विराजमान हो। कमल की आकृति के श्रृंग वाले कैलास शिखर के चारों तरफ विद्यमान पर्वत विराट देदीप्यमान उस शिव लिंग के लिए जैसे अर्घ्य के रूप में स्वयं को उपस्थापित कर आनन्द का अनुभव कर रहे हों। झुके हुए अन्य दो लम्बायमान श्रृंगों के माध्यम से कैलास का पानी गौरी कुण्ड में प्रवेश करता प्रतीत होता है। कैलास के हिम-धवल शिखर की तुलना एक विशाल चमकते हुए मन्दिर, स्तूप या लिंग से की जा सकती है।

भारत के प्राचीन वाङ्मय में किए गये उल्लेखों के अनुसार कैलास पर्वत पर अनेकों प्रकार की वनस्पतियाँ भरी पड़ी हैं। यहां पर देव-वृक्षों, लताओं, फलों तथा विभिन्न ऋतुओं में खिलने वाले फूलों का एक साथ खिलने का विवरण मिलता है। कैलास पर्वत के समीप में ही विद्यमान कुबेर की नगरी अलका पुरी में निवास करने वाली युवतियाँ किस प्रकार विभिन्न ऋतुओं में पाये जाने वाले पुष्पों से स्वयं को सजा-धजा कर रखती है, इसका अत्यन्त आकर्षक चित्रण कवि कालिदास के मेघदूतम् नामक काव्य में मिलता है। यक्ष अपने सन्देश-वाहक मेघ मेघ से कहता है–

हस्ते लीलाकमलमलके बालकुन्दानुविद्धं
नीता लोध्रप्रसवरजसा पाण्डुतामानने श्री।
चूड़ापाशे नवकुरवकं चारुकर्णे शिरीषं
सीमन्ते च त्वदुपगमजं यत्र नीपं वधूनाम्।।

शब्दार्थः भोलेनाथ के प्रासाद कैलास के पड़ोस में स्थित कुबेर के स्थान अलका पुरी में युवतियां हाथ में कमल (शरद ऋतु में खिलने वाले पुष्प), सिर के बालों में तुरन्त ही खिले कुन्द (हेमन्त ऋतु में खिलने वाला फूल), चेहरे पर (शिशिर ऋतु में विकसित होने वाले) लोध्र पुष्प का केसर, केश-पाश में (वसन्त ऋतु में खिलने वाले) कुरवक के नये-नये फूल, कानों में (ग्रीष्म ऋतु में खिलने वाले) शिरीष के पुष्प तथा (वर्षा ऋतु में विकसित होने वाले) कदम्ब के फूल से मांग भर कर सजी-धजी रहती हैं।

प्राचीन वाङ्मय के अध्ययन तथा वर्तमान वातावरण के निरीक्षण से यही निष्कर्ष निकाला जा सकता है कि अन्य स्थानों की तरह ही पवित्र तीर्थ-स्थलों की स्थिति में भी निरन्तर भौगोलिक परिवर्तन होते रहे हैं। सम्भवतः एक ऐसा भी काल-खण्ड रहा होगा जब हिमालय के पूर्व तथा पश्चिम में समुद्र विद्यमान रहा, जिसका निर्देश महाकवि कालिदास ने भी अपने महाकाव्य कुमारसम्भवम् के प्रारम्भिक पद्य में यह कर किया किया कि पूर्व तथा पश्चिम दिशा में समुद्र के बीच में प्रवेश करता हुआ हिमालय पर्वत जैसे पृथ्वी का मानदण्ड हो। यह भी एक पक्ष हो सकता है कि

कवियों की कल्पनाओं से प्रसूत उनकी रचनाओं में भौतिक वास्तविकताओं का अन्वेषण करना उनके साथ अन्याय होगा। न्यूनाधिक यही बात पाराणिक आख्यानों के विषय में भी कही जा सकती है।

कैलास पर्वत के कुछ अन्य चित्रण

महादेव की लीला-भूमि तथा देव, यक्ष, गंधर्व, ऋषि-मुनियों की तपस्थली कैलास पर्वत की उपत्यकाएं वर्तमान समय में केवल पत्थरों तथा चट्टानों से बने नग्न आकृतियों से भरी हुई दूर-दूर तक फैली दिखाई देती हैं। बीच में मन्दिर की आकृति वाला, सृष्टा द्वारा स्वयं अपने हाथों से बनाया गया हिमाच्छादित कैलास का शिखर दिन तथा रात में चाँदी तथा सूर्योदय-सूर्यास्त के समय सोने की तरह चमकता हुआ मानो अनादि काल से अपनी दिगन्त-व्यापिनी कीर्ति का बखान कर रहा हो। भोलेनाथ के भक्तों को बरबस ही अपनी तरफ आकर्षित करने वाला तथा उनके अन्तःकरण में घुसे हुए सांसारिक-भाव, आशा-निराशा, सुख-दुःख, राग-द्वेष आदि का क्षण भर में ही विनाश करने वाले इस दिव्य पर्वत के दर्शन मात्र से हृदय में एक अलौकिक आनन्द की लहर सी दौड़ने लगती है।

महाभारत के वनपर्व में वर्णित एक रोचक आख्यान के अनुसार जिस समय राजर्षि वैवस्वत मनु बदरिकाश्रम में तपस्या कर रहे थे, उस समय वीरणी नदी की एक मछली ने उनसे आश्रय मांगा। राजर्षि से आश्रय प्राप्त करने के बाद मछली का आकार बढ़ने लगा और वह अन्ततोगत्वा इतना बड़ा हो गया कि विकल्प के अभाव में वैवस्वत मनु के द्वारा उसे समुद्र में छोड़ना पड़ा। उस समय राजर्षि से उपकृत होकर कृतज्ञ मछली ने वैवस्वत मनु से कहा जब कुछ समय के बाद सम्पूर्ण स्थल जल-मग्न होकर समुद्र में डूबने लगे तो वे एक नाव पर सवार होकर उस मछली को याद करें। मछली द्वारा की गयी भविष्यवाणी के अनुसार कुछ समय के बीत जाने के बाद हिमालय के आस-पास के स्थल समुद्र मे विलीन होने लगे। मछली के कहे गये शब्दों का पालन करते हुए राजर्षि वैवस्वत मनु सप्तर्षि-मण्डल को अपने साथ लेकर सृष्टि की रक्षा के लिए सब प्रकार के बीजों का संकलन कर एक नाव में बैठ गये-

बीजान्यादाय सर्वाणि सागरं पुप्लुवे तदा।
नावा तु शुभया वीर महोर्मिणमरिन्दम।।

इसके बाद उस मछली की सहायता से उसी के सींग के साथ रस्सी से नाव को बाँध कर वे अपने उस नाव को हिमालय की सबसे ऊँची चोटी पर ले गये, जो गोबन्धन नाम से प्रसिद्ध थी। उसी के पास नाव को बाँध दिया गया–

अस्मिन्हिमवतः शृंगे नावं बन्धीत माचिरम्।
साबद्धास्तत्र तैस्तूर्णमृषिभिर्भरतर्षभ।।

उपर्युक्त आख्यान इस बात का संकेत करता है कि जहां वर्तमान समय में जो बर्फ के चादर को ओढ़ी हुई पर्वत मालाएं दिखाई देती हैं, अतीत के किसी अज्ञात काल-खण्ड में वहां समुद्र की उत्ताल तरंगें हिलौरें लिया करती थीं। यद्यपि पौराणिक विवरणों तथा कवियों द्वारा वर्णित वनस्पतियों का कैलास-मानसरोवर क्षेत्रों में वर्तमान समय में अभाव दिखाई देता है तो इससे इन पवित्रतम तीर्थ-स्थलों की महत्ता में कोई ह्रास नहीं माना जा सकता। वैसे भी हर तरह के प्राकृतिक दृश्यों का भारतीय सनातन परम्परा में भिन्न-भिन्न रूप में सांकेतिक एवं आध्यात्मिक महत्व रहा है। कहा भी गया है- "कलौ नामानि पूज्यन्ते" अर्थात् "कलयुग केवल नाम अधारा"। किसी युग में वृन्दा यानि तुलसी के जंगलों में गोपियों के साथ विहार करने वाले नन्द-नन्दन कृष्ण के स्थान वृन्दावन में हुए भौगोलिक परिवर्तनों के कारण उसकी धार्मिक तथा आध्यात्मिक महत्ता में कोई अवनति होती नहीं दिखाई पड़ती है।

वैज्ञानिकों के द्वारा की गयी गवेषणाओं से इस बात का पता चलता है कि स्वर्ग या त्रिविष्टप नाम से पुराणों में वर्णित तिब्बत का भूभाग सुदूर अतीत के किसी विशेष काल-खण्ड में समुद्र का अंश रहा। तिब्बत के आस-पास के प्रदेशों में पाये गये जंतुओं के मिले हुए कंकालों से यह भी कहा जा सकता है कि सुदूर अतीत के समय विशेष में वहां वनस्पतियों का अस्तित्व भी रहा होगा। अन्त में, जैसा पहले भी कहा जा चुका है, यह भी पौराणिक एवं काव्यशास्त्रीय परम्परा द्वारा अनुमोदित ही है कि वेदों तथा

पुराणों में वर्णित तथा कवियों द्वारा की गयी अतिशयोक्तिपूर्ण कल्पनाएं आर्थवादिक, सांकेतिक तथा आलंकारिक होती हैं, जिनका आक्षरिक अर्थ वैज्ञानिक दृष्टि से असंगत या भ्रमात्मक हो सकता है।

कैलास के पास-पड़ोस में विराजमान पर्वतों में विद्यमान विभिन्न आकृति वाले पत्थरों तथा चट्टानों को देखने से ऐसा लगता है कि जैसे अनेकों युगों से हो रहे प्राकृतिक परिवर्तनों के कारण देवताओं, गंधर्वों तथा ऋषि-मुनियों आदि ने ही उनका रूप ग्रहण कर लिया हो। चारों तरफ बर्फ तथा पत्थरों के वनस्पति-विहीन पहाड़ों के विस्तार ही दर्शक को दृष्टिगोचर होते हैं। दृश्यमान पर्वत-मालाओं में से कौन सा पर्वत पुराणों में वर्णित सूर्यप्रभ, चंद्रप्रभ या संजीवनी का अधिष्ठान गंधमादन है, कह पाना मात्र आनुमानिक ही हो सकता है। शून्यता से परिपूर्ण सम्पूर्ण दृश्य की असीम निस्तब्धता दर्शक को स्तम्भित तथा विह्वल करने के साथ-साथ इसी एक मात्र सत्य का प्रतिपादन कराती है कि दानवों से देवताओं की रक्षा करने के लिए समुद्र-मंथन से निकले हुए विष का पान कर नीलकण्ठ बने महेश्वर की समाधि के लिए इससे अधिक सुरम्य तथा एकान्त स्थान अन्यत्र हो ही नहीं सकता। यही त्याग एवं तपस्या की वह महिमामयी भूमि है, जहां संसार की समस्त भोग-लालसाएं अपना अस्तित्व विसर्जित कर देती हैं। भक्त-श्रेष्ठ गन्धर्व-राज पुष्पदन्त ने अपने परम आराध्य की स्तुति-गान द्वारा उनकी निर्लिप्तता का बखान करते हुए ठीक ही कहा कि सभी वासनाओं का विनाश करने वाले भूतभावन भोलेनाथ श्मशान में क्रीड़ा करते हैं, भूत, प्रेत,पिशाचादि को साथ में रखते हैं, शरीर में चिता-भस्म का लेप करते हैं तथा नर-मुण्डों की माला पहनते हैं। उनकी जीवन पद्धति वीभत्स सी प्रतीत होने के बाबजूद वे उनको याद करने वालों का मंगल ही करते हैं–

श्मशानेष्वाक्रीडा स्मरहरपिशाचाः सहचराः
चिताभस्मालेपः सृगपिनृकरोटी परिकरः।
अमंगल्यं शीलं तव भवतु नामैवमखिलं
तथापि स्मर्तृणां वरद परमं मंगलमसि।।

जिस महा-योगी की एक मात्र पूँजी है उनका वाहन बूढ़ा बैल- नन्दी, उन्हें महेश्वर या देवाधिदेव यों ही नहीं कहा जाता। दानव-राज रावण ने उनकी कठिन तपस्या कर असीम शक्तियों को प्राप्त किया था। उन शक्तियों की बदौलत देवताओं के कोषाध्यक्ष कुबेर को लूटकर उसके विमान पर कब्जा कर लिया था। जब अहंकार के वशीभूत होकर लौटते समय वह महाबली राक्षस कैलास को ही उखाड़ने की कोशिश करने लगा तो जो परिणाम सामने आया उसका वर्णन करते हुए गंधर्वराज पुष्पदन्त ने इस प्रकार किया है–

अमुष्य त्वत्सेवासमधिगतसारं भुजवनं
बलात्कैलासेऽपि त्वधिवसतौ विक्रमयतः।
अलभ्या पातालेऽप्यलसचलितांगुष्ठशिरसि
प्रतिष्ठात्वय्यासीत्ध्रुव्र मुपचितो मुह्यति खलः।।

शब्दार्थः रावण ने उन्हीं भुजाओं से जिन्होंने आपकी सेवा से बल प्राप्त किया था, आपके निवास-स्थल कैलास को उखाड़ने की बलपूर्वक कोशिश की। परिणाम यह हुआ कि आपके पाँव के अंगूठे के अग्रभाग के स्पर्श मात्र से वह पाताल में जा गिरा। सच ही कहा गया है कि दुष्ट व्यक्ति अहंकार-वश उपकार को भूल जाता है।

वही रावण जब अंगूठे के भार से एक हजार साल तक रोता-कराहता रहा तो अकारण-करुण भोलेनाथ ने उस शरणागत को कष्ट से मुक्त ही नहीं किया बल्कि उपहार में चंद्रहास नामक अपनी तलवार को देकर वहां से विदा किया। महाकवि कालिदास ने इस घटना का उल्लेख करते हुए विभिन्न प्रकार के उपमानों के साथ कैलास का सौन्दर्य-गायन करते हुए यक्ष के माध्यम से मेघ को जो कहा, वह इस प्रकार है–

गत्वा चोर्ध्वं दशमुखभुजोच्छ्वासितप्रस्थस्कन्धे
कैलासस्य त्रिदशवनितादर्पणस्यातिथिः स्याः।
श्रंगोच्छायैः कुमुदवितत्तैर्योवितत्य स्थितः खं
राशीभूतः प्रतिदिनमिव त्र्यम्बकस्याट्टहासः।

शब्दार्थः हे मेघ! तुम पर्वतों की विभिन्न कन्दराओं को पार करने के बाद पुनः उत्तर की ओर जाकर रावण द्वारा अपने भुजाओं के बल से शिथिल किए गये हिमाच्छादित कैलास पर्वत का आतिथ्य स्वीकार करना, जिसे देवाङ्गनाएं दर्पण के रूप में व्यवहार करती हैं, जिसकी चोटियाँ खिले हुए सफेद कमलों के रूप में आसमान को चूमती हैं तथा जिसे देखने से ऐसा प्रतीत होता है मानो त्रिनेत्रधारी शिव के अट्टहास ने ही पुञ्जीभूत होकर पर्वत का स्वरूप ले लिया हो।

कैलास पर्वत के चारों तरफ पाये जाने वाले नग्न शिला खण्डों से भरे हुए पहाड़ भोलेनाथ के इस प्रासाद के नैसर्गिक सौन्दर्य में किसी रूप में प्रतिबंधक नहीं होते। महादेव की भक्ति एवं श्रद्धा से समन्वित यात्रियों को इन विशाल शिला-खण्डों में उनके वाहन तथा परिवार के सदस्यों की प्रतिमाएं दिखाई देती हैं। दर्शकों की दृष्टि ही उनकी सृष्टि का निर्माण करने लगती है। स्वेन हेडिन ने कैलास के सौन्दर्य से अभिभूत होकर ठीक ही लिखा था–

"It is incomparably the most famous mountain in the world. Mount Everest and Mont Blanc cannot vie with it".

अर्थात् कैलास संसार का अद्वितीय पर्वत है। एवरेस्ट पर्वत तथा माउण्ट ब्लाँक इसकी तुलना में टिक ही नहीं सकते।

महाभारत में कैलास पर्वत के समीपवर्ती स्थानों में निवास करने वाले किंपुरुषों का उल्लेख मिलता है जो अनेक प्रकार के कुत्सित कर्मों में लिप्त पाये जाते थे। वर्तमान समय में भी कैलास की परिक्रमा के लिए याक तथा घोड़ों की सेवाओं को उपलब्ध कराने वाले कुछ स्थानीय लोग यात्रियों के प्रति दुर्व्यवहार करते पाये जाते हैं, जिससे महाभारत में उल्लिखित कुत्सित कर्मों में लिप्त किंपुरुषों की याद ताजी हो जाती है। परिक्रमा के प्रारम्भिक स्थल के आस-पास मंडराने वाले ये लोग कभी-कभी याक तथा घोड़ों को उपलब्ध कराने के नाम पर यात्रियों से धन-संग्रह करने के बाद न तो सेवा उपलब्ध कराते हैं, नहीं लिया गया धन ही लौटाते हैं। स्थानीय पुलिस प्रशासन भी उनको समझाने में असमर्थ हो जाता है। धन-हानि के

साथ-साथ असावधान यात्री को असुविधा तथा दुर्व्यवहार का सामना करना पड़ता है। यात्रियों को सावधानी वरतने के बाबजूद कुत्सित कर्मों में लिप्त ऐसे लोगों का सामना होने पर आत्म-नियंत्रण नहीं खोना चाहिए। याद रहे कि धार्मिक स्थानों एवं संकेतों का हर युग में दुरुपयोग होता रहा है। यह सर्व-विदित है कि त्रेता युग में सन्यासी का वेश धारण कर भिक्षा मांगने के बहाने रावण ने सीता का अपहरण किया था।

इसको वर्तमान युग की विडम्बना ही कहा जा सकता है कि भौतिक सुख तथा सांसारिक वैभव का सर्वात्मना परित्याग करने से प्रसन्न होने वाले भोलेनाथ के पास उनके संख्याधिक आधुनिक भक्त विषयोपभोग की सामग्री की याचना करने के लिए कैलास पर्वत की कठिन परिक्रमा करते हुए पाये जाते हैं। परिक्रमा का महामार्ग तपोनिष्ठ साधु-महात्माओं के त्यागमय भौतिक जीवन का अन्तिम गन्तव्य होता था। काल के प्रवाह से वह महापथ आज के समय में क्षण-भंगुर सांसारिक सम्पदाओं को प्राप्त करने का साधन माना जाने लगा है। कैलास-मानसरोवर का यात्री कुछ दिन के लिए ही सही, यदि तहे दिल से चिर-शीतल हिम-किरीट के साहचर्य में द्रवीभूत दुग्ध के समान भक्तिधारा का एकाग्र-चित्त होकर पान करे तथा उसी में स्नान कर प्रवाहित होने की चेष्टा करे तो सम्भव है कि संसार-सागर को सहजता के साथ पार कर पाने में समर्थ हो जाए। शास्त्रों के अनुसार आपात-मधुर दुःखमूलक तथाकथित सांसारिक सुखों का परित्याग करने पर ही चित्त की एकाग्रता, साधना तथा अन्ततोगत्वा अलौकिक आनन्द का अनुभव सम्भव होता है।

बोएन, बौद्ध तथा जैन धर्म की दृष्टि में कैलास की सर्वोच्चता

तिब्बत में बौद्ध धर्म के आगमन से शदियों पहले वहां का आदिम जनजातीय समुदाय जिस धर्म का अनुसरण करता था, उसे ही बोएन या बोन के नाम से जाता है। कुछ अंश में बौद्ध धर्म की मान्यताओं से मिलता-जुलता प्रतीत होने पर भी यह धर्म उससे सर्वथा भिन्न है। हिन्दू, बौद्ध तथा जैन धर्म की तरह ही बोन धर्म के अनुसार कैलास पर्वत पवित्रता की दृष्टि से सर्वोत्कृष्ट माना जाता है। इसे विडम्बना ही कहा जा सकता है कि दसवीं या इग्यारहवीं

शताब्दी में तिब्बतीय साम्राज्य की समाप्ति के अनन्तर संगठित हुई परम्पराओं को वर्तमान समय में बोन धर्म का आधार माना जाता है। बोन धर्म-दर्शन में आत्मवाद, जिसे प्राचीन भारतीय धर्म-दर्शन का आधार माना जाता है, का प्रभाव नहीं दिखाई देता। भारत तथा नेपाल में रहने वाले तिब्बत मूल के लोग आज भी इस धर्म का अनुकरण करते पाये जाते हैं।

बोन धर्म के बहुतेरे अनुयायी पवित्र कैलास को बांयी तरफ झांकता हुआ नौ-मंजिला स्वस्तिक पर्वत मानते हैं, जिसे उस समग्र क्षेत्र की रहस्यमय आत्मा के रूप में देखा जाता है। उनके अनुसार कैलास पर्वत आकाश में विद्यमान देवी का निवास स्थान है। बोनपा लोग कैलास तथा मानसरोवर को धरती के पिता तथा माता के रूप में देखते हैं, तथा दोनों को संसार का सर्वाधिक पवित्र-स्थल मानते हैं। कुछ लोग कैलास को वज्र के आकार में पाते हैं, जिसका कभी भी विनाश नहीं हो सकता। बोन धर्मानुयायी विपरीत दिशा से कैलास पर्वत की परिक्रमा करते दिखाई देते हैं।

बौद्ध धर्म को मानने वाले तिब्बत-निवासी कैलास को कांग रिम्पोचे (Precious One of Glacial Snow) कहते हैं। यद्यपि तिब्बत में बौद्ध-धर्म का आगमन सातवीं सदी में माना जाता है, तथापि स्थानीय परम्पराओं के के अनुसार भगवान् बुद्ध ने ईसा से पांच सौ वर्ष पूर्व (Fifth Century B.C.) रहस्यमय रूप में कैलास पर्वत में प्रवेश किया था। तिब्बतीय पौराणिक वृत्तान्तों में कैलास पर्वत को ब्रह्माण्ड का केंद्र विंदु माना गया है। कांगरी कारछक नामक कैलास पुराण में कहा गया है कि कैलास के एक तरफ अभीप्सित फलों को देने वाला कल्प वृक्ष विद्यमान है। पर्वत का वर्गाकार समीपवर्ती हिस्सा सोने के रत्नों से भरा हुआ है। इसका पूर्वी चेहरा स्फटिक मणि, दक्षिणी भाग नील मणि तथा उत्तरी भाग स्वर्ण-मय है। कैलास का शिखर सुगन्धित पुष्पों तथा औषधियों से आवृत है और चारों दिशाओं में भगवान् बुद्ध के चार पद-चिन्ह हैं। इन पद-चिन्हों के कारण आसमान में निवास करने वाले देवता इस पर्वत को अपनी ओर नहीं खींच पाते हैं। कैलास पर्वत चारों तरफ से जंजीरों से जकड़ा हुआ है, ताकि इसके नीचे रहने वाले लोग इसे अपनी तरफ न खींच सकें।

कैलास; कुछ प्राचीन मन्दिर तथा अन्य पवित्र स्थल

कांची का कैलास मन्दिर; एलोरा की कैलास गुफा; प्रम्बानन, जावा, इंडोनेशिया; तथा बाफुओन, अंकोर, कम्बोडिया

एकान्त-वास की गुफाएं

दारचेन से गुर्ला-मान्धाता तथा परखा मैदान का दृश्य

अविस्मरणीय परिक्रमा: अद्‌भुत दृश्य

परखा तथा परिक्रमा के समय चार दिशाओं से दृश्यमान कैलास

अष्टपद; ऋषभदेव का मुक्ति-स्थल तथा कैलास

परिक्रमा-मार्ग में स्थित गोम्पाएं तथा प्राकृतिक परिदृश्य

कैलास के चार दिशाओं में स्थित गोम्पाएं- चुकु सुंदर शंख के साथ, डेरापुक, जुट्टुलपुक, ग्यांग्द्रक तथा सप्तर्षि-गुफाएं;
Source: Unknown from the Internet& Web

यमद्वार या मुक्ति-मार्ग

परिक्रमा मार्ग का अन्य एक दृश्य

जिस प्रकार भारत में एक निश्चित अवधि के बाद कुम्भ पर्व का आयोजन होता है एवं साधु-सन्यासी से लेकर जन-सामान्य तक इस पर्व की प्रतीक्षा करते हुए पुण्य अवसर पर स्नान-पूजा के लिए लालायित रहते हैं, उसी प्रकार तिब्बत के लामाओं से लेकर जन-सामान्य तक, विशेषतः पुरांग घाटी के निवासी अपने सर्वश्रेष्ठ तीर्थ-स्थान कैलास पर्वत में कुम्भ पर्व का पालन करते हैं। जिस साल इस पर्व का आयोजन होता है, उस वर्ष को घोटक-वर्ष (Horse year) के नाम से जाना जाता है।

कैलास के अधिष्ठाता मुख्य देवता को तिब्बतीय पौराणिक परम्पराओं के अनुसार धर्म-पाल (Demchhok) कहा जाता है। ये देवता सिंह की खाल ओढ़ते हैं, नरमुण्डों की माला पहनते हैं तथा एक हाथ में डमरू एवं दूसरे हाथ में त्रिशूल धारण करते हैं। तिब्बतीय पौराणिक विवरणों में कहा गया है कि कैलास के चारों तरफ 990 पंक्तियों में देवता विद्यमान हैं। सभी वाघ की खाल पहनते हैं। धर्म पाल (डेम-छोक) की सहधर्मिणी वज्र-वाराही (Dorje Phangmo) सदा उनके साथ लिपटी रहती है। कैलास पर्वत के पश्चिम की दिशा में ताइजुंग नाम का बर्फ से ढका हुआ पहाड़ है, जिसे दोरजे फांग्मो या वज्र-वाराही का निवास स्थान माना जाता है। इनके अलावा भगवान् बुद्ध अपने 500 बोधिसत्त्वों के साथ कैलास के शिखर पर वास करते हैं। इस पर्वत के पाँवों के पास हनुमान्जु नामक वानरों के देवता रहते हैं। विरले ही शुद्ध-अन्तःकरण वाले लोग इन देवी-देवताओं का साक्षात्कार कर पाने का सौभाग्य प्राप्त कर पाते हैं। कैलास के शिखर पर घण्टों, मजीरों तथा अन्य विभिन्न वाद्य-यन्त्रों की ध्वनियाँ सुनाई देती हैं। इस प्रकार की तिब्बतीय पौराणिक कल्पनाएं भारतीय प्राचीन वाङ्मय में उल्लिखित कल्पनाओं से काफी हद तक प्रभावित जान पड़ती हैं।

तिब्बतीय बौद्ध धर्म के तन्त्र सम्प्रदायानुगामी यह मानते हैं कि कैलास पर्वत डेमचोक बुद्ध का निवास स्थान है, जो कि सर्वोच्च आनन्द का प्रतिनिधित्व करते हैं। यह भी कहा जाता है कि ग्यारहवीं शताब्दी में मिलारेपा नामक प्रसिद्ध योगी ने कैलास पर्वत के शिखर पर पहुंचने के बाद ही दुष्टात्मा नारो-बोएन-चुंग को जादुगरी के युद्ध में परास्त किया था।

तिब्बत का प्राचीन साहित्य सिन्धु, सतलुज, ब्रह्मपुत्र तथा करनाली, इन चारों नदियों का कैलास पर्वत को ही उद्‌गम स्थल मानता है।

जैन धर्म-ग्रन्थ तीर्थंकर के जीवन-काल में पांच मुख्य वृत्तान्तों को विशेष रूप से मंगलमय मानते हैं। प्रथम वृत्तान्त है तीर्थंकर का मां के गर्भ में प्रवेश। इसका पूर्वाभास गर्भ धारण करने से पहले 14 सुखद स्वप्नों के रूप में प्रतिबिम्बित होता है। दूसरी घटना है तीर्थंकर का वास्तविक जन्म, जिसका जश्न भव्यता के साथ मनाया जाता है। जीवन की तीसरी महत्त्वपूर्ण घटना है- वैराग्य या सांसारिक भौतिक सुख-सुविधाओं का परित्याग तथा तपोमय जीवन का अंगीकार। गम्भीर तथा सतत साधना के परिणाम-स्वरूप ही कैवल्य या शुद्ध ज्ञान की प्राप्ति होती है, जिसे जीवन-काल की चौथी महत्त्वपूर्ण घटना माना जाता है। जीवन की पांचवी तथा अन्तिम बड़ी घटना है निर्वाण की प्राप्ति। इस अवस्था में समस्त सिद्धियों की प्राप्ति के साथ-साथ मुक्ति-लाभ हो जाता है। जन्म-मरण के बन्धन से सदा के लिए छुटकारा मिल जाता है। निर्वाण-भूमि के नाम से प्रसिद्ध पांच पवित्रतम तीर्थ-स्थल जहां 24 तीर्थंकरों को मोक्ष की प्राप्ति हुई थी, इस प्रकार हैं: अष्टपद (आदिनाथ भगवान् ऋषभदेव की निर्वाण-भूमि); पावापुरी (महावीर स्वामी की निर्वाण-भूमि); चम्पापुरी (वासुपूज्य स्वामी की निर्वाण-भूमि); गिरनार (भगवान् नेमिनाथ की निर्वाण-भूमि); तथा सम्मेद शिखर। पारम्परिक मान्यता के अनुसार सम्मेद शिखर में अवशिष्ट 20 तीर्थंकर निर्वाण को प्राप्त हुए थे।

जैन धर्म के अनुयायी कैलास पर्वत को ही अष्टपद का दूसरा नाम मानते हैं। यह स्वाभाविक है कि कैलास या अष्टपद की तीर्थ-यात्रा उनके धार्मिक तथा आध्यात्मिक जीवन-यात्रा का एक अत्यन्त महत्त्वपूर्ण सोपान है। प्राचीन जैन धर्म-ग्रन्थ उत्तराध्ययन-सूत्र-निर्युक्ति के अनुसार अष्टपद तीर्थ की यात्रा सम्पादन करने वाला व्यक्ति निर्वाण को प्राप्त होता है। अष्टपद तीर्थ या कैलास को सोने तथा चांदी द्वारा निर्मित पर्वत के रूप में विवेचित किया गया है। अष्टपद का तात्पर्यार्थ है- निर्वाण-प्राप्ति के लिए उठाए गये आठ महान् कदम या आठ पवित्र पर्वत-शिखरों का आरोहण करने के बाद अन्तिम लक्ष्य का प्राप्ति-स्थल। जैन धर्म-ग्रन्थ अष्टपद को महातीर्थ की संज्ञा से सम्बोधित करते हैं। मानसरोवर को जैन वाङ्मय में

"पद्म ह्रद" नाम दिया गया है। कैलास पर्वत के पास में ही मन्दिर की आकृति में बने अष्टपद नाम से प्रथित स्थान का दर्शन कैलास-मानसरोवर की यात्रा पर जाने वाले लोग, विशेषतः जैन सम्प्रदाय के अनुयायी अपना पवित्र कर्तव्य मानते हैं। दुर्घटना की आशंका से स्थानीय प्रशासन कदाचित् ही अष्टपद की यात्रा करने की अनुमति देता है।

एक चर्चित जैन आख्यान के अनुसार भगवान् ऋषभदेव के पुत्र चक्रवर्ती सम्राट भरत ने अपने पिता प्रथम तीर्थंकर के निर्वाण-प्राप्ति का सादर स्मरण करते हुए उनके निर्वाण-स्थल पर मणि-रत्नों से सुशोभित एक विशाल प्रासाद का निर्माण कराया था।

कैलास-मानसरोवर क्षेत्र में सिद्ध-महात्माओं की उपस्थिति

भारत का पारम्परिक दार्शनिक वाङ्मय इस बात की ओर इंगित करता पाया जाता है कि कि हिमालय की उपत्यकाओं तथा कन्दराओं के शान्तिपूर्ण एवं एकान्त वातावरण में योग-साधना करते हुए बड़े-बड़े ऋषि-मुनि ब्रह्माण्ड के रहस्य तथा परमतत्त्व की खोज में निमग्न रहा करते थे। सिद्ध-महात्माओं की यह परम्परा आज भी अविच्छिन्न है, ऐसा कई सनातन परम्परा के अनुयायी लोग विश्वास करते हैं। कहा जाता है कि कैलास-मानसरोवर के आस-पास की गुफाओं में साधना में निरत आधुनिक प्रचार माध्यमों से दूर कई अनामधेय सिद्ध साधु विचरण करते रहते हैं। स्वामी प्रणवानन्द ने इस क्षेत्र में अपने लम्बे प्रवास तथा अनुसंधान के बाद इस बात का उल्लेख किया है कि कैलास-मानसरोवर में रहने वाले साधु-महात्माओं को लेकर अधिकांश प्रचलित गाथाएं अतिशयोक्ति-पूर्ण प्रतीत होती हैं। किन्तु अपने अनुभव के आधार पर स्वामीजी ने इस बात को बल देकर प्रतिपादित किया कि कैलास-मानसरोवर का परिवेश वस्तुतः आध्यात्मिकता से पूर्ण रूप से अनुप्राणित है, भले ही आवश्यक योग्यता के अभाव में कुछ लोग उसका अनुभव करने में असमर्थ रहते हैं।

पौराणिक आख्यानों के अनुसार कैलास-मानसरोवर के आस-पास की कन्दराएं अनेकों चिरजीवी तपस्वियों की वास-भूमि हैं। सुप्रसिद्ध योगी स्वामी राम ने अपनी पुस्तक "Living with Himalayan Masters" में

कैलास पर्वत के पास अपनी पारम्परिक गुफा का उल्लेख किया है। उन्होंने लिखा है कि अपने गुरु के निर्देशानुसार वे बाबाजी के नाम से पुकारे जाने वाले अपने गुरु के गुरु से मिले थे तथा उनसे उन्होंने परकाय-प्रवेश की विद्या अर्जित की थी। यौगिक शक्ति के द्वारा भौतिक पदार्थ (matter)को ऊर्जा (energy) तथा ऊर्जा (energy) को भौतिक पदार्थ (matter) में कैसे परिवर्तित किया जा सकता है, इस बात का उन्होंने साक्षात् अनुभव किया था। योग के साहित्य में इस विषय का विवरण देना अनुचित माना जाता है।

परमहंस स्वामी विशुद्धानन्द ने अपने शिष्यों के सामने कई बार इस रहस्य का उद्घाटन किया कि उन्होंने बर्षों तक कैलास-मानसरोवर के पास स्थित गुरुकुल में रहकर योग की साधना तथा सौर विज्ञान का गहन अध्ययन किया था। सौर विज्ञान के अपने ज्ञान का वैज्ञानिकों के समक्ष उन्होंने कई बार प्रदर्शन भी किया था। सूर्य-किरणों को दिशा-विशेष से केन्द्रित कर एक विशेष प्रकार के पारदर्शी शीशे की सहायता से भिन्न-भिन्न प्रकार के पुष्पों में पायी जाने वाली सुगन्ध को प्रकट करना उनके के लिए कोई चमत्कारपूर्ण कार्य नहीं था। मृत पक्षी में कुछ समय के लिए प्राण का संचार कर उन्होंने उस सौर विद्या की प्रामाणिकता का परिचय दिया था। यह दूसरी बात है कि उनके परम तत्त्वज्ञानी अध्यापकों द्वारा चलाया जाने वाले उस शिक्षण-संस्थान को जन-सामान्य की भौतिक दृष्टि से देखा नहीं जा सकता था। परमहंस विशुद्धानन्द के बचनों का उल्लेख करते हुए उनके शिष्यों ने लिखा है कि मानस क्षेत्र में ऐसे और भी कई उच्च शिक्षा की संस्थायें थी।

पुराने धर्म-ग्रन्थों में इस बात का उल्लेख मिलता है कि भगवान् शिव के पुत्र ने एक बार क्रोधित होकर अपने बाणों से कैलास-मानस क्षेत्र में स्थित क्रौञ्च नाम के पर्वत में छेद कर दिया था। सम्भवत: शिव-पार्वती के इस पुत्र का स्थानीय पौराणिक साहित्य में सनग्पा (Sanagpa) के नाम से परिचय दिया जाता है, जिसे वैदिक वाङ्मय में सनत्कुमार या सनत्पाद के नाम से जाना जाता है। कैलास पर्वत के पश्चिम में बहती हुई "ल्हा-छु" नदी को सनग्पा की दूसरी माता कहा जाता है। इसी प्रकार कैलास के अधिष्ठाता देव डेम-छोक को सनाग्पा का पिता माना जाता है। जिस प्रकार

गंगा नदी को देव-नदी या सुर-सरिता के नाम से अभिहित किया जाता है उसी प्रकार तिब्बतीय परम्परा में कैलास से निकलने वाली ल्हा-छु नदी को देवताओं की नदी कहा जाता है- (Lha= God, Chhu= Water/River)| दूसरे शब्दों में कहा जा सकता है कि शिव-पार्वती तथा गंगा के पुत्र माने जाने वाले सनत्कुमार या सनत्पाद ऋषि ही तिब्बत में सनग्पा के नाम से जाने जाते हैं। इसी प्रकार ल्हा-छु नदी को गंगा, जिसकी उत्पत्ति शिव की जटाओं से माना जाता है, का नामान्तर कहा जा सकता है। ल्हा-छु नदी के पास में स्थित "चुकु गोम्पा" को लामाओं या सिद्ध-महात्माओं का निवास स्थान माना जाता है। आज भी स्थानीय लोगों का विश्वास है कि इस क्षेत्र में अनेक गोम्पाएं हैं, जहां अनेकों देवता तथा सनग्पा के अतिथि रहा करते हैं जो स्थानीय लोगों की तथा उनके पशु-धन की रक्षा करते हैं।

अन्य एक स्थानीय विश्वास के अनुसार बहुत समय पहले न्येन (Nyen) नाम के एक ज्ञानी लामा कैलास पर्वत के ल्हा-छु घाटी में आये थे। उन्होंने एक मठ का निर्माण किया था। दैवी प्रतिभा से सम्पन्न लामा न्येन के मुख की आभा आग की तरह प्रकाशित होती थी। इन्होंने सनग्पा के आज्ञानुसार ही उनके प्रासाद के पास गोम्पा का निर्माण किया, जिसके भीतर अमिताभ के रूप में भगवान् बुद्ध की प्रतिमा विराजमान है। यह अनुमान का विषय है कि अग्नि की तरह देदीप्यमान मुख वाले महर्षि अंगिरा को ही सम्भवत: तिब्बतीय परम्परा में न्येन लामा के नाम से जाना जाता हो। ऋषि अंगिरा तथा सनत्कुमार ने कैलास पर्वत पर एक साथ रहकर अध्ययन किया था।

अन्य एक प्राचीन पौराणिक आख्यान के अनुसार परशुराम को कैलास पर्वत पर भगवान् शंकर ने धनुर्विद्या की दीक्षा दी थी। इस विद्या में पहले से दक्षता-प्राप्त शिव के पुत्र कार्तिकेय के साथ प्रतिस्पर्धा करने के उद्देश्य से कैलास-मानसरोवर के निकट में स्थित क्रौञ्च पर्वत पर बाण चलाकर परशुराम ने एक बड़ा छेद कर दिया था। कहा जाता है कि अपने बाणों के प्रहार से बनाए गये मार्ग से निकलकर कालान्तर में उन्होंने 21 बार दुष्कर्मों में लिप्त भारतवर्ष के क्षत्रिय-शासकों का संहार किया था। मेघदूत में इस आख्यान का उल्लेख करते हुए यक्ष ने अपने सन्देश-वाहक मेघ को परशुराम

द्वारा निर्मित इस मार्ग का अवलम्बन करते हुए कैलास के पास में स्थित कुबेर की नगरी अलका पुरी में प्रवेश करने का निर्देश दिया था। उल्लिखित विवरण के अनुसार यही मानसरोवर में रहने वाले राजहंसों के आवागमन का मार्ग भी है–

प्रालेयाद्रेरुपतटमतिक्रम्य तास्तान्विशेषान्
हंसद्वारं भृगुपतियशोवर्त्मयत्क्रौंचरंध्रम्।
तेनोदीचिं दिशिमनुसरेत्तिर्यगायामशोभी
श्यामः पादो वलिनियमनाभ्युद्यतस्येव विष्णोः।।

शब्दार्थः हिमालय में अनेक महत्त्वपूर्ण स्थल हैं। तुम उन सबको पार करते हुए भगवान् के यश को प्रसारित करने क्रौंच-रन्ध्र पर पहुंचना। हंस इसी रन्ध्र से गुजरते हुए मानसरोवर लौटते हैं। इसी मार्ग से निकलकर पुनः उत्तर दिशा की तरफ प्रस्थान करना। उस रंध्र से निकलने के लिए तुम्हें थोड़ा सा टेढ़ा होना पड़ेगा। उस स्थिति में तुम बलि-नियमन के लिए तत्पर भगवान् विष्णु के श्यामल-चरणों के समान शोभायमान रहोगे।

महाभारत के वनपर्व में लिखा है कि कैलास पर्वत को पार करने के बाद परम सिद्ध देवर्षियों की गति प्रकाशित होती है–

अस्यातिक्रम्य शिखरं कैलासस्य युधिष्ठिरः।
गतिः परमसिद्धानां देवर्षीणां प्रकाशते।।

धर्मराज युधिष्ठिर की जिज्ञासा को शान्त करते हुए ऋषि आर्ष्टिषेण महाभारत के वन पर्व में पुनः कहते हैं, हे पृथा-पुत्र! पूर्णिमा तथा प्रतिपदा की सन्धि-वेला में बहुत से ऋषि-गण आकाश मार्ग से उड़ते हुए यहां आते हैं तथा इस श्रेष्ठ पर्वत (कैलास) का सेवन करते हैं। उनमें से कितने तो जल पीकर ही जीवन का निर्वाह करते हैं तथा कुछ वायु मात्र का सेवन करते हैं। इससे आगे जाना असम्भव है। वह देवताओं की विहार-भूमि है जहां मनुष्यों की गति नहीं हो सकती है–

न चाप्यतः परं शक्यं गन्तुं भरतसत्तम।
विहारो ह्यत्र देवानाममानुषगतिस्तु सा।।

योगसूत्रकार महर्षि पतञ्जलि ने योग से अर्जित होने वाली सिद्धियों का व्याख्यान करते हुए बताया है कि निरन्तर साधना के परिणाम से योगी अपने शरीर को सूक्ष्म तथा व्यापक कर सकता है। वह इच्छानुसार आसमान में उड़ सकता है तथा पत्थर के भीतर प्रवेश कर सकता है। ऐसी सिद्धियों के प्रदर्शन को पतञ्जलि ने समाधि के मार्ग में प्रतिबन्धक बताया है- "ते समाधौ उपसर्गा व्युत्थाने सिद्धयः"। सीमित साधना द्वारा अर्जित कुछ सिद्धियों को प्राप्त कर उनका प्रदर्शन कर जीविका या ख्याति अर्जित करना योगियों के लिए निर्दिष्ट आचरण के सर्वथा विपरीत माना गया है।

यह सम्भव है कि लोकैषणा, पुत्रेषणा तथा वित्तैषणा का योग-साधना के पथ पर बाधक होने के कारण ब्रह्मानन्द का अनुभव करने वाले आत्माराम तथा आप्तकाम जीवन्मुक्त सिद्ध पुरुष अपने अप्रचारित तथा अव्यक्त रूप में कैलास-मानसरोवर क्षेत्र में आवागमन करते हों तथा समीपस्थ गिरि-कन्दराओं के शान्तिमय परिवेश में साधना-रत हों। यह भी सम्भव है कि सिद्ध पुरुष कैलास-मानसरोवर के आस-पास के मठों में लामाओं के रूप में रहकर तपश्चर्या में निरत हों। सामान्य व्यक्ति अपने स्थूल चर्म-चक्षुओं से जब अपने अत्यन्त पास तथा बहुत दूर में विद्यमान वस्तुओं को भी देखने में असमर्थ रहता है तो सहजता के साथ योग-साध्य वस्तुओं तथा सिद्धों का दिव्य-दर्शन कर ही कैसे सकता है? भगवान् कृष्ण ने अर्जुन को अपने वास्तविक रूप का दर्शन कराने के लिए दिव्य नेत्र प्रदान किए थे क्योंकि सामान्य नेत्रों से उसका दर्शन हो पाना असम्भव था-

न तु मां शक्यसे द्रष्टुमनेनैव स्वचक्षुसा
दिव्यं ददामि ते चक्षुः पश्य मे योगमश्वरम्।।

अन्यत्र भी गीता में योगेश्वर कृष्ण ने इस बात का बार-बार स्मरण कराया कि अनेक जन्मों की साधना के अनन्तर प्राप्त होने वाले ज्ञान के बाद ही परमतत्त्व का साक्षात्कार हो सकता है- "अनेकजन्मसंसिद्धस्ततो याति परां गतिम्", "बहूनां जन्मनामन्ते ज्ञानवान्माम् प्रपद्यते", इत्यादि। इसी प्रकार वास्तविक अर्थ में साधु-सन्तों का दर्शन सुलभ नहीं होता। उसके लिये निष्काम कर्म, साधना तथा भगवत्कृपा की आवश्यकता बतायी गयी

है। अतः सामान्य व्यक्ति को यदि कैलास-मानस क्षेत्र में सिद्ध-महात्माओं का दर्शन न हो तो यह निष्कर्ष निकालना शायद उचित नहीं होगा कि उस कष्टपूर्ण प्रतीत होने वाले प्राकृतिक परिवेश में उनका अस्तित्व नहीं हो सकता।

कैलास पर्वत की परिक्रमा

तकलाकोट से 140 किलोमीटर की दूरी मोटर-यान द्वारा तय करने के बाद 5,182 मीटर की ऊँचाई पर स्थित जो अगला पड़ाव आता है, वह दारचेन नाम से प्रसिद्ध है। रास्ते में आने वाले स्थानों- राक्षस-ताल, मानसरोवर, परखा मैदान आदि को पार करते हुए गुर्ला-मान्धाता पर्वत-श्रेणियों तथा कैलास पर्वत के भव्य परिदृश्यों को दर्शाता हुआ यह लम्बा-चौड़ा राज-मार्ग ज्यों ही आवश्यक सुविधाओं से सम्पन्न कैलास पर्वत के दक्षिण-पश्चिम दिशा में विद्यमान उभरते हुए व्यावसायिक केंद्र दारचेन पहुँचाता है, चिर-प्रतीक्षित कैलास पर्वत को पास से देखने के लिए लालायित दिल की धड़कन और भी बढने लगती है।

दारचेन की पहाड़ी के पीछे कैलास पर्वत का दिव्य दर्शन शरीर को ऊर्जावान् करने के साथ ही मन को अपूर्व आनन्द तथा उल्लास से परिपूर्ण करने लगता है। कुछ ही समय में भूतभावन भोलेनाथ के चरणों के समीप में पहुँच कर चित्त शान्त और गम्भीर हो जाता है। उत्तर दिशा में एक विशाल स्तूप या मन्दिर की आकृति में दृश्यमान एक ओर भगवान् भोलेनाथ की लीलाभूमि कैलास पर्वत तथा दूसरी ओर दक्षिण में परखा मैदान तथा राक्षस-ताल का नीला जल-भण्डार। पास ही में चाँदी की तरह चमकते मान्धाता पर्वत मालाओं के हिम-शिखर। सौभाग्य से यदि आकाश बादलों से ढका हुआ न हो तो दारचेन के चारों तरफ का परिदृश्य जिस मनमोहक नैसर्गिक सौन्दर्य का अनुभव कराता है, उसको शब्दों में निरूपित करना मुश्किल ही नहीं, असम्भव सा लगता है। दारचेन से ही कैलास पर्वत की 32 मील (52 किलोमीटर) लम्बी परिक्रमा का शुभारम्भ होता है।

परखा के प्रायः समतल मैदानी भूमि को पार करने के बाद समुद्रतल से 5,182 मीटर की ऊँचाई में स्थित एक छोटे से व्यावसायिक केंद्र के रूप

में उभरते स्थान दारचेन से कैलास पर्वत की परिक्रमा का समारम्भ होता है। यद्यपि कैलास पर्वत-माला को कश्मीर से भूटान तक व्याप्त माना जाता है, तथापि इसके मध्य में स्थित ल्हा-छु तथा जोंग-छु के बीच का भूभाग ही व्यवहारत: कैलास पर्वत के नाम से जाना जाता है। कैलास पर्वत अपने निकट में स्थित चार अन्य पर्वत-शिखरों से मिलकर एक त्रिकोण का निर्माण करता है, यात्रियों को पूरे पर्वत-समूह की लम्बी परिक्रमा करनी पड़ती है। कुल मिलाकर परिक्रमा पथ की लम्बाई 32 मील या 52 किलोमीटर की है। दारचेन में यात्रि-यापन करने के पश्चात् परिक्रमा का पहला पड़ाव 14 किलोमीटर के अन्तराल के बाद 4,590 मीटर की ऊँचाई में स्थित डेरापुक नामक स्थान में होता है। इस 14 किलोमीटर की दूरी को आंशिक रूप से (यम- द्वार तक की 5 किलोमीटर की दूरी) मोटर वाहन द्वारा तय किया जाता है। एक प्रचलित स्थानीय किंवदन्ती के अनुसार एक छोटे से पत्थर के टुकड़े को लेकर तीन बार यम-द्वार की परिक्रमा करने के बाद बाहर निकलने से मनुष्य को मृत्यु भयभीत नहीं करती। इस स्थान से कैलास पर्वत की एक छोटी सी झलक दिखाई देती है। यम-द्वार के पास में ही कैलास से निकल कर बहने वाली ल्हाछु नदी के किनारे पर स्थित स्थान पर एक विशाल ध्वज दिखाई देता है, जिसे टारपोचे कहा जाता है। वैशाखी पूर्णिमा के अवसर पर पुरांग घाटी के लोग यहां आकर प्रतिवर्ष ध्वजारोहण करते हैं। इसके आगे डेरापुक तक की यात्रा को अपेक्षाकृत सहज माना जा सकता है।

यम-द्वार से एक किलोमीटर आगे चलने के बाद याक या घोड़ों के साथ स्थानीय कुली यात्रियों का इन्तजार करते दिखाई देते हैं। उस स्थान से परिक्रमा के अवशिष्ट मार्ग को घोड़े या याक के पीठ पर सवार होकर तय करने की वैकल्पिक व्यवस्था सम्भव हो जाती है।

कैलास के चारों तरफ परिक्रमा के मार्ग के आस-पास पाँच मठ या गोम्पाएं मिलती हैं जिनका नाम इस प्रकार है: 1. न्येनरी या छोकु (चुकु) गोम्पा; 2. डेरापुक गोम्पा; 3. जुथुलपुक गोम्पा; 4. गेंगला गोम्पा; तथा 5. सिलुंग गोम्पा। परिक्रमा-मार्ग में आने वाली पहली गोम्पा कैलास के पश्चिम दिशा ल्हा-छु के किनारे में स्थित है, जिसे छोकु गोम्पा या न्येन लामा के द्वारा निर्मित होने के कारण न्येनरी गोम्पा के नाम से जाना जाता है।

परिक्रमा के रास्ते में पड़ने वाली दूसरी गोम्पा है- डेरापुक। वस्तुतः कैलास पर्वत का सर्वाधिक आकर्षक रूप डेरापुक से ही दिखाई देता है। दिन में बादलों से रहित आसमान में चमकते हुए चाँदी के समान हिम से आच्छादित भोलेनाथ का प्रासाद कैलास प्रातःकाल सूर्योदय तथा सायंकाल सूर्यास्त के समय सोने की तरह चमकता है जिसके सौन्दर्य का वर्णन शब्दों में कर पाना बिलकुल ही सम्भव नहीं है।

डेरापुक से कैलास पर्वत की परिक्रमा का कठिनतम चरण आरम्भ होता है। लगभग तीन किलोमीटर की चढ़ाई पार करने तक कैलास पर्वत आँखों से ओझल रहता है। इसके बाद उसका उत्तरी भाग दृष्टिगोचर होता है। पवित्र पर्वत के दिखाई देने वाले हिमरहित चट्टानों में किसी को शिव के त्रिशूल का तो किसी को रावण के पंजे की प्रतिमा दिखाई देती है। विभिन्न आकृति के पर्वत पर स्थित चट्टानों की यात्रियों द्वारा अपनी रुचि के अनुसार अलग-अलग व्याख्याएं की जाने लगती हैं। पर्वत के मध्य में दृश्यमान समानान्तर पंक्ति को कुछ लोग रावण के द्वारा रस्सी से कैलास पर्वत को बाँध कर ले जाने के लिए किए गये प्रयत्न का संकेत के रूप में देखते हैं। दक्षिणी भाग में लकीरों की आकृति वाले चट्टानों को श्रद्धालु भक्त सतयुग के महाप्रतापी राजा मान्धाता द्वारा कैलास पर वास करने वाले भगवान् शंकर के अभिषेक के लिए बनायी गयी सीढ़ियों के रूप में व्याख्या करते हैं। कैलास पर्वत की पवित्रता ने आज तक किसी पर्वतारोही को इन तथाकथित सीढ़ियों को चढ़ने का अवसर नहीं दिया है। पर्वत-माला पर बनी हुई प्राकृतिक आकृतियों को भगवान् शंकर के साथ जुड़े हुए उनके पारिवारिक सदस्यों तथा वाहनों के रूप में भक्तों तथा धार्मिक पर्यटकों के द्वारा व्याख्या की जाती है। श्रद्धा तथा मनोवृत्तियों के अनुसार लोग इन आकृतियों में भगवान् शिव के वाहन नन्दी, सहधर्मिणी पार्वती, गणेश, कार्तिकेय आदि की प्रतिमाएं देखा करते हैं।

कैलास की परिक्रमा के उच्चतम विन्दु उन्नीस हजार फीट की ऊँचाई में स्थित 'डोल्मा पास' पर 'डोल्मा' अर्थात् तारा की शिला में यात्री अपना मस्तक झुकाते हैं। बौद्ध धर्म के अनुयायी स्थानीय तथा विश्व के अन्य देशों से आकर कैलास की परिक्रमा करने वाले यात्री रंग-विरंगे रेशमी कपड़ों से

बने ध्वजों तथा वस्त्र के टुकड़ों को समर्पित कर तारा देवी के प्रति अपनी श्रद्धा का प्रदर्शन करते हैं। चोटी से नीले आसमान में मंडराते बादल, चाँदी की तरह चमकते दृश्यमान सफेद हिमशिखर, वनस्पति-विहीन काले, भूरे, लाल, पीले कंकड़-पत्थरों का विस्तार, कहीं दूर बर्फ के पिघलने तथा तीव्र हवाओं के प्रहार से खिसकने वाले चट्टानों एवं हिमखण्डों के शब्द कदाचित् डोलमा के चारों ओर फैली निस्तब्धता को भंग करते प्रतीत होते हैं। डेरापुक से डोलमा तक की चढ़ाई चढ़ते समय हवा में पर्याप्त ऑक्सीजन न होने के कारण श्वास-प्रश्वास की गति में अवरोध होने लगता है। थोड़ा सा भी चलने पर थकावट होने लगती है। किन्तु परिक्रमा मार्ग में आने वाले इस उच्चतम विन्दु पर पहुँचने के बाद चारों तरफ के परिवेश पर नजर दौड़ाने के उपरान्त थकावट का असर समाप्त सा होने लगता है।

डोलमा से कैलास पर्वत के उत्तरी अंशों की एक हिमाच्छादित माला दिखाई देती है, जिसे तिब्बत के स्थानीय लोग "गैल्पो-नोरजिंगी फोपरांग" नाम से जानते हैं। शायद इसी स्थान को महाकवि कालिदास ने अपने ग्रंथ मेघदूतम् में कुबेर की नगरी अलका पुरी के रूप में वर्णित किया होगा, जहां प्रतिदिन अपने भृत्य यक्ष के द्वारा लाये गये प्रातःकाल नये-नये खिले कमल के फूलों से कुबेर भगवान् शंकर की पूजा करते थे, तथा एक दिन अपनी नव-विवाहिता पत्नी के संसर्ग में आलस्य-वश कर्तव्य-च्युत होने पर दण्ड के रूप में उसे एक साल के लिए पत्नी-वियोग सहना पड़ा था।

ऐतिहासिक परिप्रेक्ष्य को देखते हुए यह कहा जा सकता है कि साधारणतः तिब्बत ही नहीं चीन के निवासी भी प्राचीन समय में बौद्ध धर्म का अनुसरण किया करते थे। तिब्बत में आज तक बौद्ध धर्म के अनुयायियों की परम्परा अविच्छिन्न है। वे तारा देवी की उपासना किया करते थे, इस बात की पुष्टि चीनाचार तन्त्र नामक ग्रन्थ में प्रस्तुत प्रमाणों से भी होती है। इस ग्रन्थ में उल्लिखित एक आख्यान के अनुसार एक समय की बात है जब ब्रह्मर्षि वशिष्ठ तारा देवी की साधना करने के लिए कामाख्या तीर्थ गये थे। वहां साधना करने पर भी जब वे सिद्धि को प्राप्त न कर सके तो क्रोधित होकर उन्होंने तारा देवी को श्राप देने का निश्चय कर लिया। उनकी मानसिक चिन्ता से व्यग्र होकर तारा देवी उनके सामने प्रत्यक्ष रूप में प्रकट

होकर बोली कि चीनाचार के अतिरिक्त वे किसी अन्य उपाय से प्रसन्न नहीं होती तथा उनकी उपासना का आचार बुद्ध के रूप में केवल भगवान् विष्णु ही जानते हैं। अतः ब्रह्मर्षि वशिष्ठ को भगवान् विष्णु के पास जाकर उनके बतलाए मार्ग से तारा देवी की आराधना करनी चाहिए। प्रत्यक्ष उपस्थित तारा देवी की इस वाणी को सुनकर ऋषि वशिष्ठ हिमालय के उस पार महाचीन देश में गये तथा वहां उन्होंने साक्षात् भगवान् बुद्ध का दर्शन किया–

ततो गत्वा महाचीने देशे च नरपुंगव।
ददर्श हिमवत्पार्श्वे साधकेश्वरसेवितम्।।

पुराने समय में चीन देश में बौद्ध मत की प्रधानता थी। बौद्ध तन्त्र के अनुयायियों की मदिरा-सेवन करने के कारण हुई लाल-लाल आँखों को देखकर ऋषि वशिष्ठ ने मन ही मन सोचा कि भगवान् विष्णु ने बुद्ध का रूप धारण कर वेद-बचनों के विरुद्ध आचरण को क्यों प्रश्रय दिया–

किमिदं क्रियते कर्म विष्णुना बुद्धरूपिणा।
वेदवादविरुद्धोऽयं नाचारः सम्मतो मतः।।

ब्रह्मर्षि वशिष्ठ के ऐसे विचारों से उद्वेलित मन को शान्त करने के लिए उन्हें एक आकाशवाणी सुनायी दी–

.... नैव चिन्तय सुब्रत।
आचारः परमो योगस्तारिणीसाधने मुने।।

अर्थात् हे मुनिवर! अपने मन में उपजे विचारों से नियन्त्रित होने की आवश्यकता नहीं। तारा देवी की उपासना के लिए निर्दिष्ट आचार का अनुसरण करो।

डोलमा शिखर से कुछ ही दूर आगे जाने के बाद प्रायः हिम के आवरण से सुशोभित 18,400 फीट (6,230 मीटर) की ऊँचाई में स्थित परिक्रमा मार्ग के पास ही जिस हलके हरे रंग के जलाशय का दिव्य दर्शन होता है, वही है सुप्रसिद्ध गौरी कुण्ड। स्थानीय भाषा में इस सरोवर को थुकी-जिंग्बू (Thuki-Zingboo) नाम से पुकारा जाता है। तीन चौथाई मील लम्बा तथा आधा मील चौड़ा यह जलाशय 84 फीट गहरा है। स्वामी प्रणवानन्द

ने "जन्मभूमि" नामक नौका का उपयोग कर अगस्त 1946 में अधिकांश समय हिमाच्छादित रहने वाले इस सरोवर के विभिन्न पक्षों का अध्ययन कर इसकी वास्तविक गहराई का भी आकलन किया था। वर्षों के अन्तराल के बाद सन् 1946 में इस सरोवर का वर्फ पूरी तरह पिघल गया था।

अण्डे के आकार वाला यह आकर्षक जलाशय पार्वती के स्नान कुण्ड के रूप में अत्यन्त पवित्र माना जाता है। कैलास पर्वत से खिसकने वाले हिमखण्ड इस कुण्ड में जल का संचार करते हैं। प्रचलित स्थानीय मान्यता के अनुसार गौरी कुण्ड के शीतल जल में स्नान करने से समस्त दैहिक, दैविक तथा भौतिक दु:खों का अन्त हो जाता है। हिम-मिश्रित इस कुण्ड के पानी में बिरले ही लोग स्नान करने का साहस कर पाते हैं। परिक्रमा के समय यात्रियों के साथ-साथ चलने वाले स्थानीय कुली गौरी कुण्ड के जल का संग्रह करने में यात्रियों की सहायता करते हैं। तिब्बत के धर्मगुरु तथा धर्म-भीरु लोग ही कदाचित् कैलास की परिक्रमा करते समय इस सरोवर में स्नान करते देखे जा सकते हैं।

परिक्रमा के मार्ग में आने वाली तीसरी गोम्पा जुथुलपुक गोम्पा के नाम से प्रसिद्ध है। इस गोम्पा के उत्तर-पूर्व में बहने वाले झरने को टोपचेन-छु कहा जाता है। गौरी कुण्ड को पार कर आरम्भ होने वाली उतराई को पैदल चलकर ही तय किया जाता है। याक या घोड़े की पीठ पर सवार होकर नीचे उतरना सवार तथा सवारी दोनों ही के लिए घातक विपत्ति को आमन्त्रण देने के समान है। टोरचेन-छु झरने के समानान्तर कुछ समय तक चलने के बाद परिक्रमा का अगला मार्ग प्राय: समतल भूमि पर ही होता है। डेरापुक से आरम्भ होने वाली दूसरे दिन की परिक्रमा का 19 किलोमीटर की यात्रा का पर्यवसान जुंज्हु-पु/जोंग-जेर्बु नामक स्थान पर होता है।

परिक्रमा का 12 किलोमीटर लम्बा तीसरा चरण अपेक्षाकृत सबसे आसान है। कैलास पर्वत के पूर्वी भाग में स्थित जो दो गोम्पाएं परिक्रमा-मार्ग में आती हैं, उनका नाम है- 1. गेंग्टा गोम्पा तथा 2. सिलुंग गोम्पा। दारचेन से आरम्भ होने वाली परिक्रमा का तीसरे दिन उसी स्थान पर पहुँच कर समापन हो जाता है।

रूढ़िवादी तथा धर्म-भीरु तिब्बत के लोग कैलास या मानसरोवर की तीन या तेरह परिक्रमाएं करते हैं। परिक्रमाएं विपरीत दिशा से की जाताई हैं। बोएन नामक जनजाति के ऐसे भी लोग देखे जाते हैं जो अभीष्ट फल की प्राप्ति के लिए कैलास पर्वत की साष्टांग दण्डवत् परिक्रमा करते हैं। ऐसी परिक्रमा करने में पंद्रह दिन का समय लगता है। मानसरोवर की इसी तरह की परिक्रमा अट्ठाईस दिन में सम्पादित होती है। सशक्त शरीर वाले कुछ स्थानीय लोग एक दिन में ही कैलास पर्वत की पूरी परिक्रमा कर लेते हैं, जिसे निंगकर (Ningkar) कहा जाता है। बिछुड़े हुए आन्मीय जनों की आत्मा की शान्ति के लिए ऐसी परिक्रमा की जाती है। स्थानीय मान्यता के अनुसार कैलास शिखर की एक परिक्रमा करने से एक जन्म में किए गये पापों से छुटकारा मिलता है। दस बार परिक्रमा करने से एक कल्प में किये गये पापों से मुक्ति मिलती है तथा 108 बार की जाने वाली परिक्रमा इसी जन्म में निर्वाण को प्राप्त करा देती है। साष्टांग दण्डवत् परिक्रमा को 'क्यां-कोरा' कहा जाता है। एक दिन में पूरी की जानी वाली परिक्रमा का नाम स्थानीय भाषा में 'खी-कोरा' है। शारीरिक अस्वस्थता या असमर्थता के कारण कुछ साधन-सम्पन्न लोगों के द्वारा अपने अभीष्ट की सिद्धि के लिए सशक्त शरीर वाले लोगों द्वारा कैलास की परिक्रमा कराये जाने की परम्परा भी पायी जाती है।

पहले इस बात का उल्लेख किया जा चुका है कि कैलास पर्वत के आस-पास का मौसम कभी-कभी अचानक ही बदल जाता है। यद्यपि हिमालय के अन्य अनेक पर्वत शिखरों की तरह घनघोर बर्षा या बर्फ के तूफान यहां नहीं आते, किन्तु अचानक कोहरे का छा जाना, हल्की वारिश-हिमपात, ओला-वृष्टि तथा तेज हवाओं का चलना अचानक ही यात्रियों के लिए मुसीबतें खड़ी कर देता हैं। यह भी सम्भव है कि यात्रा के दौरान कोहरे के कारण कैलास पर्वत का दर्शन ही न हो पाए। परिवेश-विषयक विषम अवस्थाओं का व्याख्यान करते हुए महाभारत, वनपर्व के 143 अध्याय में महर्षि वेदव्यास लिखते हैं–

ततोऽश्मसहिता धारा संवृण्वन्त्यः समन्ततः।
प्रपेतुरनिशं तत्र शीध्रवात-समीरिताः।।

अर्थात्- तत्पश्चात् तीव्र वायु से प्रेरित होकर समस्त दिशाओं को आच्छादित करती हुई ओलों से युक्त जल-धाराएं अविरत गति से गिरने लगी।

वातावरण में अकस्मात् आये हुए परिवर्तन का उल्लेख करते हुए महाभारतकार ने पुनः लिखा-

तस्मिन्नुपरते शब्दे वाते च समतां गते।
गते ह्यम्बसि निम्नानी प्रादुर्भूते दिवाकरे।।

निर्जग्मुस्ते शनैः सर्वे समाजग्मुश्च भारत।
प्रतस्थिरे पुनर्वीराः पर्वतं गन्धमादनम्।।

सारांश यह कि थोड़ी देर बाद तूफान का कोलाहल समाप्त हुआ। वायु की गति कम तथा सम हो गयी। पर्वत का सारा पानी बह कर नीचे चला गया। बादलों का आवरण दूर हो गया तथा सूर्य-देव प्रकाशित होने लगे। उसी समय वे समस्त वीर पाण्डव धीरे-धीरे अपने स्थान से निकले और गन्धमादन (कैलास) पर्वत की ओर चलने लगे।

कैलास पर्वत की परिक्रमा शरीर को थका देने वाली होने पर भी कौतुहल तथा उत्सुकता से परिपूर्ण है। अध्यात्म पथ पर चलने वाले शिव-भक्तों के लिए यह हृदय में अलौकिक आनन्द का संचार करती है। रास्ते में विभिन्न स्थानों पर तिब्बतीय लिपि में "ॐ मणिपद्मे हूम्" मंत्र का उल्लेख मिलता है। तिब्बत की भाषा-लिपि देवनागरी से काफी मिलती जुलती है। अतः यात्रियों को उक्त मंत्र को पढ़ने में अधिक कठिनाई नहीं होती। इससे भारत तथा तिब्बत के बीच सदियों पुराने सांस्कृतिक तथा धार्मिक सम्बन्धों का भी स्पष्ट आभास मिलता है। सम्भवतः भारतीय पौराणिक साहित्य, धार्मिक-आध्यात्मिक दर्शन, भाषा-लिपि आदि के प्रभाव के कारण ही वर्तमान तिब्बतीय दलाई लामा भारत को तिब्बत का आध्यात्मिक गुरु मानते हैं। समस्त चिन्ताओं का परित्याग कर "ॐ मणिपद्मे हूम्" या "ॐ नमः शिवाय" मन्त्र को जपते-जपते कैलास की कठिन समझे जाने वाली परिक्रमा सहजता के साथ सम्पादित हो जाती है। बहरहाल, इसका यह तात्पर्य नहीं कि परिक्रमा करते समय पर्याप्त सावधानी न बरती जाए।

परिक्रमा का उच्चतम स्थल: दोल्मा ला

दोल्मा ला

गौरी कुण्ड

परिक्रमा का अन्तिम तथा आसान चरण

परिक्रमा के अन्तिम चरण के कुछ दृश्य

दण्डवत् परिक्रमा; विपरीत दिशा से

चट्टानों पर अंकित ओंकार तथा मणिपद्मे हुम्

उपसंहार

सुदूर एवं अप्रमेय अतीत के गर्भ में अन्तर्निहित भारत तथा तिब्बत के पारस्परिक सम्बन्ध अद्यावधि अविस्मरणीय हैं। प्राकृतिक विषमताओं के रहने पर भी हिमालय के आर-पार स्थित इन दोनों ही भौगोलिक इकाइयों के व्यावसायिक तथा सांस्कृतिक सम्बन्ध अनवरत फलते-फूलते रहे हैं। दोनों ही भूभाग एक दूसरे की आर्थिक तथा सांस्कृतिक समृद्धि के परिपूरक रहे हैं। शायद ही संसार के किसी दूसरे भाग में ऐसे अन्य दो भिन्न-भिन्न भू-खण्ड हों, जहां के निवासियों में हजारों वर्षों से स्वाभाविक से लगने वाले इतने मधुर सम्बन्ध रहे हों जितने कि भारत तथा तिब्बत के बीच रहे हैं।

हिमालयन गजेटीयर (The Himalayn Gazetteer) के लेखक E.T. Atkinson ने भारत तथा तिब्बत के बीच व्यावसायिक सम्बन्धों के अतीत की ओर ध्यान आकृष्ट करते हुए उनकी प्राचीनता को ईसवी पूर्व तीसरी शताब्दी में स्थापित किया है। इतिहासकारों द्वारा भारत तथा तिब्बत के बीच व्यावसायिक सम्बन्धों के विषय छठी शताब्दी तक के निर्विवाद प्रमाण प्रस्तुत किए हैं। अट्ठारहवीं तथा उन्नीसवीं शताब्दी में विभिन्न गिरि-द्वारों द्वारा तिब्बत से आयातित वस्तुओं का सुदूर कोलकाता तथा लाहौर तक के बाजारों में बेचे जाने से सम्बन्धित आधिकारिक दस्तावेज पाये जाते हैं। जहां एक ओर विभिन्न प्रकार के घरेलू पशु, याक की पूंछ (चंवर), सुहागा, नमक, ऊनी, फर, सोना, पारम्परिक औषधियों इत्यादि का तिब्बत से आयात किया जाता था, वहीं दूसरी ओर भारत से तिब्बत को उनी कपड़े, अनाज, मसाले, चीनी आदि का निर्यात किया जाता था।

उपलब्ध आधिकारिक दस्तावेज, जिनमें तत्कालीन ब्रिटिश प्रशासनिक अधिकारियों द्वारा लिखे गये पत्राचार आदि सम्मिलित हैं, इस बात को स्पष्टतया पुष्ट करते हैं कि तिब्बत तथा वर्तमान उत्तराखण्ड के नाम से जाने वाले राज्य के बीच होने वाला व्यवसाय दोनों ही देशों के बीच आय का एक प्रमुख स्रोत था। लिपुलेख, दार्मा, लिम्पिया, कुंग्री-बिंग्री, ऊटाधुरा, जयन्ती, माणा, नीति आदि गिरि-द्वारों के माध्यम से व्यावसायिक आदान-प्रदान हुआ करते थे।

प्रोफेसर अजय सिंह रावत ने अपने विस्तृत शोधात्मक प्रबन्ध "Administrative History of British Kumaon" में तिब्बत के साथ पारम्परिक सम्बन्धों की महत्ता पर प्रकाश डालते हुए अनेक आधिकारिक दस्तावेजों को उद्धृत किया है। तदनुसार, उत्तराखण्ड तथा तिब्बत के बीच हो रहे व्यवसाय की महत्ता को प्रतिपादित करते हुए E.K. Paew ने 1886 में प्रस्तुत Settlement Report में स्पष्ट उल्लेख किया कि तिब्बत के साथ हो रहे व्यवसाय के कारण उत्तराखण्ड के अनुपजाऊ भूमि में निवास करने वाले हजारों लोगों को रोजगार की प्राप्ति तथा बाजार की सृष्टि होती है:

> "*Tibetan trade offers employment to thousands in the most sterile parts and provides a market for produce in the same region*".

अल्मोड़ा मण्डल के तत्कालीन प्रशासनिक प्रमुख (Deputy Commissioner) C.A. Sherring ने 1905 में विदेश विभाग के सचिव को अपनी तिब्बत यात्रा के उद्देश्य के विषय में स्पष्टीकरण देते हुए इस बात का उल्लेख किया कि वे तिब्बत के साथ व्यवसाय-वृद्धि के लिए आवश्यक उपायों के साथ ही साथ कैलास-मानसरोवर की यात्रा पर जाने वाले तीर्थ-यात्रियों के मार्ग में आने वाली बाधाओं का भी अध्ययन करना चाहते थे:

> "*The object of my visit to Tibet was to informally exchange courtesies with border officials, to report, with the assistance of Thakur Jai Chand, British Trade Agent at Gartok, as to measures required for developing the trade and pilgrimage*

traffic between United Provinces and Western Tibet and for this purpose to visit Taklakot, Guanema, Manasarovar lake and Kailash, and finally to enquire generally as to the existing obstacles to the development of trade with Taklakot, Guanema and Gartok".

केवल भौतिक वस्तुओं का आदान-प्रदान ही पारस्परिक सम्बन्धों को परिभाषित नहीं करता। वह तो दोनों देशों के बीच व्यावसायिक सम्बन्धों का एक दृष्टान्त मात्र है। तिब्बत से भारत आने वाले व्यवसायी अपने साथ भौतिक वस्तुओं के साथ ही भगवान् बुद्ध के उपदेशों के वाहक का काम भी करते थे। सदियों तक भारतीय बौद्ध धर्म के आचार्य तिब्बत में बौद्ध धर्म के शिक्षक तथा प्रचारक के रूप में अपना योगदान देते रहे हैं। यह आश्चर्य का विषय नहीं कि भारत में रचित बौद्ध-धर्म के बहुत सारे पुस्तकों की मूल रूप में उपलब्धि न होने पर भी तिब्बतीय भाषा में उनका अनुदित रूप पाया जाता है। दुर्भाग्य से चीन की सांस्कृतिक क्रान्ति के नाम पर गोम्फाओं में सुरक्षित कई ऐसी अमूल्य पुस्तकों को भी नष्ट कर दिया गया। सनातन धर्म के अनुयायी भारतीय साधु-सन्तों तथा सामान्य तीर्थ-यात्रियों के लिए कैलास-मानसरोवर तथा उसके परिपार्श्व में स्थित गुफाएं साधना तथा जिज्ञासा के केन्द्र रहे हैं।

जैसा कि प्रोफेसर रावत ने अपने शोध प्रबन्ध में उल्लेख किया है, मोहनलाल बाबुलकर आदि कई भारतीय इतिहासकार मानते हैं कि पश्चिमी तिब्बत के थोलिंग में ही मूलतः बदरीनाथ मन्दिर की अवस्थिति रही है। सन् 1940 में लाहौर में आयोजित भारतीय इतिहास कांग्रेस के चौथे सत्र में उपस्थापित अपने शोध-प्रबन्ध-"Tholing Math in Western Tibet" में डा. बी. आर. चटर्जी ने बल देकर इस बात का उल्लेख किया कि बहुत सारे सन्यासियों की यह मान्यता रही है कि थोलिंग ही बदरीनाथ का मूल स्थान है। हिमालय के उस पार तिब्बत जाने में तीर्थ-यात्रियों की कठिनाइयों को देखते हुए शंकराचार्य ने इसे हिमालय के भारतीय भाग में स्थानान्तरित करने का आदेश दिया था:

"The Sanyasis say that this (Tholing) was the origin of Badrinath and Shankaracharya ordered the removal of the

seat to Badrinath in the Indian side of the Himalaya when he came to realize the difficulties experienced by the Indian pilgrims in their attempt to reach Western Tibet".

अपने शोध-कार्य के सन्दर्भ में प्रोफेसर रावत ने बदरीनाथ के धर्माधिकारी द्वारा सुरक्षित रखे गये ऐतिहासिक दस्तावेजों का अध्ययन करते हुए पाया कि प्राचीन काल से थोलिंग बौद्ध विहार (Tholing Monastery) तथा बदरीनाथ मन्दिर के बीच नियमित रूप से "दस्तूर" का आदान-प्रदान होता था। जहां बदरीनाथ मन्दिर के व्यवस्थापक थोलिंग मठ के लिए मेवे (Dry fruits) भेजा करते थे, वहीं थोलिंग से उपहार के रूप में कस्तूरी, केसर, चंवर आदि वस्तुएं भेजी जाती थी। दस्तूर के आदान-प्रदान की यह अविच्छिन्न परम्परा सन् 1961 के बाद समाप्त हो गयी। यह आश्चर्य का विषय नहीं कि भारतीय साधु-सन्तों तथा तीर्थ-यात्रियों के लिए पश्चिम तिब्बत में स्थित थोलिंग मठ प्रवास के समय उत्तम स्थान माना जाता था।

यह सुविदित है कि भारतीय साधु-सन्त तथा तीर्थ-यात्री हिमालय के भिन्न-भिन्न गिरि-कन्दराओं के मार्गों से प्रति वर्ष कैलास-मानसरोवर की यात्रा करते रहे हैं। उनके द्वारा नियमित रूप से तिब्बत में स्थित विभिन्न मठों तथा गुफाओं में समय-यापन किया जाता था, जो कि तिब्बत के मूल निवासियों तथा भारतीयों के बीच गहरे आध्यात्मिक सम्बन्धों को पुष्ट करता है। भारत पर शासन कर रहे ब्रिटिश सरकार के प्रशासनिक अधिकारी इस वास्तविकता का अच्छी तरह अनुभव करते थे। अल्मोड़ा जिले के Assistant Commissioner द्वारा अपने उपरिस्थ अधिकारी को 1907 में लिखे गये एक पत्र में इस बात का उल्लेख मिलता है कि उस समय प्रति वर्ष 150 साधु-सन्त कैलास-मानसरोवर की यात्रा में जाया करते थे, जिनकी संख्या हर बारह वर्ष में आयोजित होने वाले कुम्भ-मेला के समय बढ़कर 400 हो जाती थी"

"*At present 150 Faquirs visit to Kailas in an ordinary year. When Kumbh Mela takes place every 12th year, the number of pilgrims from India rises to 400*".

व्यवसायियों, साधु-सन्तों तथा तीर्थ-यात्रियों का नियमित रूप से तिब्बत तथा कैलास-मासरोवर का आवागमन भारत तथा तिब्बत के बीच प्राचीन काल से चले आ रहे बहु-आयामी अन्तरंग सम्बन्धों का प्रदर्शन करता है। विचारणीय है कि कैलास-मानसरोवर की यात्रा करने वाले विशुद्ध अन्तःकरण से युक्त महात्मा-गण शायद ही इस बात पर ध्यान देते थे कि उन्हें अपनी यात्रा की सूचना अधिकारियों को देनी चाहिए। यात्रियों की वास्तविक संख्या कहीं अधिक रहती होगी। हिमालय की गिरि-कन्दराओं से निकलने वाले मार्ग की दुर्गमता शायद ही उन्हें बाधित कर पाती थी। कैलास-मानसरोवर की यात्रा को वे अपने आध्यात्मिक जीवन के अभिन्न अंग के रूप में देखते थे।

वस्तुतः आध्यात्मिकता एवं पौराणिक आख्यानों से सम्बन्धित प्राचीन भारतीय साहित्य तिब्बत तथा कैलास-मानसरोवर के सन्दर्भों से परिपूर्ण है। तिब्बत को संस्कृत भाषा में त्रिविष्टप या त्रिविटप के नाम से जाना जाता है। स्वर्ग के पर्याय के रूप में भी इसका बखान किया गया है। संस्कृत भाषा में विरचित प्राचीन साहित्य में कैलास-मानसरोवर तथा हिमालय की तरह शायद ही किसी अन्य भारतीय भू-भाग का विशदता, सुन्दरता तथा पवित्रता के साथ उतना विस्तृत विवेचन किया गया हो।

इसे दुर्भाग्य ही कहा जा सकता है कि भारत तथा तिब्बत के बीच प्रमाण-पुष्ट बहु-आयामी व्यावसायिक, साहित्यिक, आध्यात्मिक, धार्मिक, सांस्कृतिक तथा जीवन्त ऐतिहासिक सम्बन्ध भी शान्ति-प्रिय तिब्बत को पड़ोसी राष्ट्र की पराधीनता से बचा नहीं पाये। इसे स्वतन्त्र भारत के दूरदर्शी नेतृत्व की अदूरदर्शिता या असफलता नहीं तो और क्या कहा जाए? यही प्रतीत होता है कि स्वाधीनता के तुरन्त बाद भारतीय नेतृत्व उत्तर दिशा में स्थित अपने विस्तारवादी पड़ोसी देश के साथ मैत्री की दुहाई देकर उसके छद्म-जाल में फंसता चला गया। हमेशा के लिए स्वयं को संकटापन्न करने के साथ ही तिब्बत के साथ अपने सामूहिक धरोहर का बलिदान कर शान्ति-प्रिय तिब्बत वासियों पर होने वाले अत्याचारों का मूक-दर्शक बन कर रह गया।

देश की स्वाधीनता के पश्चात् उत्तर से उत्तर-पूर्व तक खींची गयी राजनैतिक सीमा रेखा तथा उसके परिणाम-स्वरूप उत्तर में स्थित पड़ोसी देश द्वारा पैदा किए गये बहुतेरे प्रतिबन्धकों के बावजूद अधिकांश भारतीय कैलास-मानसरोवर की यात्रा के लिए लालायित पाये जाते हैं। भूतभावन भोलेनाथ से यही प्रार्थना है कि इस राजनैतिक सीमा रेखा तथा तज्जनित प्रतिबन्धकों का यथाशीघ्र प्रशमन हो ताकि समान आत्मा वाले दोनों शरीरों के प्राचीन सम्बन्धों में शाश्वतता बनी रहे।